Fruit Jam & Liquor

季節をたのしむ
ジャムと果実酒

谷島せい子

季節を閉じ込める楽しい時間

　わたしにとってジャム＆果実酒作りは、旬の果物を閉じ込める楽しい時間。手間のかかる皮むきやヘタ取りなどの下準備さえも心躍る作業です。

　特にジャム作りは「どんな瓶に詰めようかしら」、「あのスパイスを入れてみたら？」、「あの方におすそわけしよう」などあれこれ考えながら鍋と向きあえるのがいいですね。

　ジャムや果実酒はその季節の果物で作るから新鮮。果物の値段も手頃です。そしてなんといっても季節を長く楽しめるのがうれしい！

　果実酒は香りや色が身上なのでフレッシュな果物で作りますが、ジャムに使う果物は生で食べるには甘味が少ないものや食べごろをすぎてしまったものでも大丈夫。たとえば生でいただくと酸っぱいりんごでも、ジャムにすると甘味と酸味のバランスがよくなり、驚くほどおいしくなります。このバランスを自分の好みで調整できるのが手作りジャムのいいところ。

　果物をつい買いすぎてしまったり、たくさんいただいたときでも、ジャムや果実酒にすればムダになりません。素敵な知恵ですよね。我が家のキッチンの棚には１年中、色とりどりの瓶が並んでにぎやか。

　シンプルな手仕事を大きな瓶や小さい瓶に詰めて、皆さんも身近に季節を楽しんでみませんか。

谷島せい子

目次

果実で作る楽しみ——8

おいしく作るポイント
ジャム作りの基本——10

おいしく作るポイント
果実酒作りの基本——12

PART 1
いつもの果物で作る

いちご
いちごジャム——14
レンジでいちごジャム——16
いちごミルクジャム——17
いちご酒——18
いちごシロップ——20
いちごドレッシング——21

りんご
りんごジャム——22
りんご酒——24
りんごのローズ煮——26
りんごシロップ——28

オレンジ
オレンジの皮だけマーマレード——30
オレンジ酒——32
オレンジビネガー——33
オレンジコンフィ——34
オレンジコンフィ ドライ——34

ブルーベリー
ブルーベリージャム——36
ブルーベリー酒——38
ブルーベリーシロップ——40
ブルーベリービネガー——41

梅
青梅ジャム——42
梅酒——44
黄梅のコンポート——46
梅シロップ——48

PART 2
季節ごとの果物で楽しむ

夏みかん
夏みかんマーマレード——52
夏みかんドレッシング——53

びわ
びわジャム——54
びわ酒——55

もも
ももジャム——56
もも酒——58

すもも
すももジャム —— 60
すもも酒 —— 61

あんず

あんずジャム —— 62
あんず酒 —— 63

アメリカンチェリー

アメリカンチェリージャム —— 64
アメリカンチェリー酒 —— 65

プルーン

プルーンジャム —— 66
プルーン酒 —— 67

ラズベリー

ラズベリージャム —— 68
ラズベリー酒 —— 69

メロン

メロンジャム —— 70
メロン酒 —— 71

マンゴー

マンゴージャム —— 72
マンゴー酒 —— 73

すだち・かぼす

すだち酒 —— 74
かぼすぽん酢 —— 75

ライム

ライム酒 —— 76
ライムドレッシング —— 77

パイナップル

パイナップルジャム —— 78
パイナップル酒 —— 79

パパイヤ

パパイヤジャム —— 80
パパイヤ酒 —— 81

柿

柿ジャム —— 82
柿酒 —— 83

ぶどう

ぶどうジャム2種 —— 84
ぶどうシロップ —— 86

梨

梨ジャム —— 88
梨酒 —— 90
梨のコンポート —— 91

洋梨

洋梨ジャム —— 92
洋梨酒 —— 94
洋梨のコンポート —— 95

いちじく
いちじくジャム —— 96
いちじく酒 —— 97

ざくろ
ざくろ酒 —— 98
ざくろシロップ —— 99

かりん
かりんジャム —— 100
かりん酒 —— 101

くり
くりジャム —— 102
くりの甘露煮 —— 103

みかん
みかんジャム —— 104
みかん酒 —— 105
みかんのコンポート —— 106

ゆず
ゆずジャム —— 108
ゆず酒 —— 110
ゆずシロップ —— 111

レモン
レモン酒 —— 112
レモンカード —— 114
塩レモン —— 115

きんかん
きんかんのマーマレード —— 116
きんかん酒 —— 118
きんかんのコンポート —— 119

キウイ
キウイジャム —— 120
キウイ酒 —— 121

グレープフルーツ
グレープフルーツジャム —— 122
グレープフルーツ酒 —— 123

バナナ
バナナジャム —— 124
チョコバナナジャム —— 125
バナナ酒 —— 126
バナナコーヒー酒 —— 127

トマト
トマトジャム、
黄色のミニトマトジャム —— 128
トマト酒 —— 130

しょうが
しょうが酒 —— 132
しょうがシロップ —— 133

ミント
ミントジャム —— 134
ミント酒 —— 135

ドライフルーツ
ドライフルーツジャム —— 136
ドライフルーツ酒 —— 137

アーモンド
アーモンドバター —— 138
アーモンド酒 —— 139

ジャム・果実酒作り
Q & A —— 50

ジャム＆果実酒作りに
便利な道具 —— 140

果物カレンダー —— 142

●**本書の表記について**
・基本的に材料は作りやすい分量で表記しています。
・計量の単位は1カップは200㎖、大さじ1は15㎖、小さじ1は5㎖です。
・電子レンジの加熱時間は600Wで作る場合の目安です。500Wの場合は少し長めに加熱してください。
・果物には個体差がありますので、個数は目安です。g数を参考にしてください。

果実で作る楽しみ

朝食の食卓を彩るジャム、寝る前のリラックスタイムに
ぴったりの果実酒。ちょっとしたおもてなしの
デザートにおすすめのコンポートなど。
本書でご紹介した"果実を使ったレシピ"の
それぞれの特徴を知ると、作る楽しみが増します。

ジャム

　ジャムは古くからヨーロッパを中心に広まり、「押しつぶす」、「詰め込む」という意味があります。最近はコンフィチュールと呼ばれることも。簡単にいうと果物の果肉や果汁に砂糖やはちみつを加えて煮詰めたもの。旬の果物を使って作りますが、生で食べるには甘味が少なかったり、熟度が浅い果物もジャムにするとおいしくなります。開封しなければ長期保存ができる便利さもあり、自家製ジャム作りを楽しむ人が増えてきました。
　マーマレードもジャムの一種で、オレンジやレモンなど柑橘類の皮が入っているもののこと。ジャムとは違い、皮の苦味が少し残ってそれが味のアクセントになっています。いずれもパンに塗るのが一般的ですが、お菓子作りや料理にも使われます。

果実酒

　果実酒はいちごや梅、もも、みかんなど季節の果物を砂糖（主に氷砂糖）とともにホワイトリカーや焼酎、リキュールなどのお酒で漬けたもの。好みの果物で作れますが、色や香りの濃い果実のほうがむいています。果実の香りと味が堪能でき、ほんのり甘いのでお酒が苦手な人でも飲みやすいのがいいところです。砂糖を入れることによって、浸透圧で果物のエキスが出やすくなったり、カビが生えるのを予防する効果が。
　果実酒は手軽に作れるものですが、お酒はアルコール度数が35度以上のものを使います。具体的にはホワイトリカー、ウオッカ、ブランデーリキュールなどの蒸留酒です。果物＋砂糖＋酒の組み合わせでオリジナルの果実酒を楽しんでください。

コンポート

　コンポートは果物を濃いシロップで煮て、それにより保存性を高めたもののこと。ヨーロッパでは伝統的な方法です。シナモンやバニラなどをプラスすることもあります。ジャムと違い、果物の原形や味を損なわないように糖度は控えめなので、できるだけ早く食べきるのがいいでしょう。

　生でいただくには熟れ方が未熟な果実や、甘味、うま味が少ない場合はコンポートにするとおいしくなります。おもてなしのデザートとしてもおすすめです。

フルーツシロップ

　砂糖を煮溶かし、糖蜜状態にしたものですが、この中に果物や果汁を入れると香り豊かなフルーツシロップになります。ヨーグルトやアイスクリームにそのままかけてもいいですし、焼き菓子のツヤ出し、炭酸水や水で割って飲んでもおいしいです。シロップはジャムや果実酒に比べて日持ちがしません。冷蔵庫で保存し、新鮮でおいしいうちに使いきるようにしましょう。ブルーベリーなど漬けた後の果物は、肉の煮込み料理などに一緒に入れて煮るとおいしくいただけます。

フルーツドレッシング

　果物をつぶしたものや果汁に酢、サラダ油（オリーブ油、ごま油などでも）、塩、こしょうなどで調味したもの。基本的にどんな果物でもできますが、ベリー類や柑橘類などが作りやすいでしょう。ワンパターンになりがちなドレッシングもバリエーションが広がり、いつもと違うサラダが楽しめます。

フルーツビネガー

　果物独特の香りや甘味が味わえるフルーツビネガー。一般的にはりんご酢が有名ですが、自家製なら好みの果物に酢を加えるだけで簡単に作れます。炭酸水や水で割ったり、ドレッシングにプラスしたりと使い方もさまざま。美容と健康にもいいといわれるフルーツビネガーは、シロップに比べて日持ちがするので、少し多めに作って毎日少しずつ楽しむのもおすすめです。

ジャム作りの基本

おいしく作るポイント

「ジャムを作ってみたいけど難しそう」と
思っている人もいるでしょう。でも大丈夫！
おいしいジャムを作るための基本さえ押さえておけば
初めての人でも上手に作れます。

point 1 砂糖は果実の分量の40％

ジャムの甘さ（糖度）は果物に砂糖をどのぐらい加えるかによって決まります。本書で紹介しているジャムに加える砂糖の量は、基本的に果物の分量の40％。これは砂糖の防腐効果によって、ジャムが腐らないための最低限の割合です。糖度は100％まで上げても大丈夫ですが、甘さは好みによるところも大きいので、自分で調整してみるのもいいでしょう。

また、ジャムにむいているのは砂糖の純度が高いグラニュー糖です。雑味がなく、透明感のある色のきれいなジャムに仕上がります。もちろん、上白糖や黒糖、きび糖などでもかまいません。果物との相性がいい砂糖を使うと味にアクセントがつきます。

グラニュー糖の分量は、基本的に果物の分量の40％です。ジャムに使う果実の正味の分量をきちんと量ることも大切です。

point 2 とろみはペクチン、酸、糖のバランスが決め手

ジャムには適度なとろみが必要です。このとろみは果物に含まれているペクチンと酸で決まります。ペクチンと酸が多く含まれている果物は、いちごやりんご、そして、オレンジなどの柑橘類。これに砂糖を入れて煮るとほどよいとろみがつきます。

一方、ペクチンや酸が少ない桃やいちじく、梨などはペクチンが多い果物と組み合わせたり、レモン汁をプラスするととろみが出ます。また、ペクチンは皮や種の周囲に多く含まれているので、捨てないでお茶パックなどに入れて果肉と一緒に煮るといいでしょう。

皮や種は捨てないで、お茶パックに入れて一緒に煮ると、ペクチンが溶け出しジャムにとろみがつきます。

ジャムはとろみチェック（ペクチンテスト）を。煮ている途中で小皿に取り、小皿の底を氷水に浸けて冷やし、とろみを確認します。何回か行うと確実です。

point 3 鍋はホウロウかステンレス製のものを

酸味の強い柑橘類などを煮るジャム作りには、酸に強く、こげにくいホウロウや厚めのステンレス製の鍋を使うようにします。風味を残すために短時間で仕上げたいので、熱伝導率がいい直径17〜20cmぐらいの大きさがおすすめ。アルミ製や鉄、銅などは金属が溶け出す可能性があり、風味や色を損なう原因にもなるので避けましょう。

ジャムを煮る際に果肉が飛ぶこともあるので、分量に対して少し大きめの鍋を使うとやけどなどの心配もありません。

point 4 皮ごと使うものは特にしっかり洗う

オレンジやりんごなどはワックスで磨かれているものがあります。皮ごと使う場合は特にしっかり洗い、オレンジなどはゆでこぼしてワックスを取り除きましょう。もちろん、皮ごと使わない場合もしっかり洗ってください。

洗った後はタオルで水気をしっかりふき取ります。水気が残っていると水っぽくなってしまいます。

ジャム作りにはこのひと手間が大切。安全においしく仕上げることができます。ただしゆですぎには注意しましょう。

point 5 強めの火加減で、アクをしっかり取り除く

ジャムをおいしく作るには、基本的には強めの火加減で短時間で仕上げるのがコツ。長時間煮ると果物の風味が損なわれてしまいます。

また、煮ているときに出たアクはしっかり取り除きましょう。アクを取り除くことで雑味のないおいしいジャムになり、瓶に詰めたときに美しく見えます。

煮るとアクが出てくるので、網杓子で取ります。このプロセスをしっかり行うことでおいしいジャムになります。

point 6 ジャムの保存瓶はしっかり消毒

ジャムを詰める前に保存瓶とふたは必ず煮沸消毒します。水で洗った瓶とふたを、瓶がかぶるぐらいの熱湯を入れた鍋に沈めて中火強で15〜20分煮沸します。このとき瓶がぶつかり合い、破損しないようにガーゼを瓶の間に沈めておくといいでしょう。やけどに気をつけながら、トングなどで熱いうちに取り出し、清潔な布巾や網などの上で、瓶の口を下にして乾かします。

さまざまなデザイン、容量がありますが、100〜200mlくらいのものが使いやすいでしょう。

保存瓶が割れないように、ガーゼを瓶の間に沈めて煮沸消毒すると安心です。

point 7 ジャムを長く保存するために

ジャムを詰めるときには、瓶の中の空気を抜いて密閉性を高めると常温でも長く保存できます。ジャムが熱いうちに、煮沸した保存瓶に瓶の9分目ぐらいまで詰め、ふたをしっかり閉めて完全に冷めるまで逆さまにします。真空状態で開封しなければ常温で1年は保存可能です。密閉できていないとカビが生えるのでしっかりふたをしましょう。開封したら冷蔵庫に入れ、早めに食べきります。冷凍も可能ですが、冷凍する場合は小さめの保存袋に分けて冷凍するといいでしょう。

完全に真空状態になっていないと長期保存できないので、キャップがしっかり閉まっているか再度確認しましょう。

果実酒作りの基本

おいしく作るポイント

果実酒は旬の果物を砂糖と一緒にお酒で漬けるだけ。
だれにでも簡単に作ることができます。
よりおいしく作るために、押さえておきたい基本を紹介。
オリジナルの果実酒で季節を楽しんでください。

point 1 果実酒に使うお酒

使うお酒は基本的にはアルコール度数35度以上のものを。ホワイトリカーが一般的ですが、ウオッカやブランデーリキュールなどもあります。ホワイトリカーは簡単にいうと蒸留された焼酎で無味無臭。どんな果物にも合い、値段も手頃です。ウオッカは麦類やじゃがいもを原料にしたものでカクテルベースなどにも使われます。キリッとした味わいです。ブランデーリキュールはブランデーに果実などを入れ、砂糖やシロップをプラスして作った混成酒です。風味よく仕上がります。また氷砂糖の分量は20％が目安。果物の甘さも引き立つちょうどいいバランスです。アルコールなので、子ども、20歳以下の人は飲めません。

「果実酒用」と明記されたお酒も市販されているので、手軽に購入することができます。

point 2 保存瓶は耐久性のあるもので。必ず消毒を

果実酒は長期間漬け込むこともあるので、保存瓶はガラス製で耐久性のあるものを選びましょう。プラスチック製は軽くて扱いやすいですが、空気を通すので長期保存する場合には不向きです。

ジャム同様、保存瓶は消毒したものを使いましょう。ただ、果実酒に使用する瓶は大きいので煮沸消毒ではなく、アルコールもしくは漬けるお酒を吹きかけた清潔な布巾でふきます。

洗いやすい広口瓶のもの、扱いやすい1〜3ℓぐらいの容量のもの、持ちやすい取っ手付きのものなどがおすすめです。

漬ける前には必ず、漬けるお酒で保存瓶を殺菌消毒しましょう。食品用のアルコールを吹きかけてもOKです。

point 3 漬ける目安は2カ月くらい

漬ける期間が短い果実酒もありますが、目安としては2カ月ぐらい漬けると、果実の香り、味がお酒に十分に移ってきます。果物は漬かった後は、基本的に取り除きます。また、バナナやももなど果肉のやわらかいものはお酒が濁ることもあるので、漬かっている様子を時々見て、濁る前に取り除きましょう。取り除いた果物はジャムなどに二次利用したり、梅酒の実などはお酒に添えてそのまま味わってもいいでしょう。

直射日光の当たらない冷暗所で漬けるのがベストです。果物がお酒に浸かっていればカビの心配はありません。

PART 1

いつもの果物で作る

りんご、オレンジなどは値段も手頃で手に入りやすく、
いちごやブルーベリー、梅は、
ジャムや果実酒にしたい人気の果物です。
まずは身近な果物で作るジャム＆果実酒の紹介です。

いちご

まずはこれから！
いちごジャム

ジャムの定番といえばいちご。甘味と酸味のバランスがよく、
トーストやスコーン、紅茶に添えるなど味わい方もさまざまです。

旬のカレンダー
12月〜5月

果物メモ
いちごはバラ科の多年草。種類も豊富で野生種を含めると日本のものだけでも50種類ほどあるといわれています。5月下旬ぐらいに出回る酸味の強いものがジャム向き。

材料（作りやすい分量）

いちご	500g
グラニュー糖	200g（果実の分量の40％）
レモン汁	大さじ1

保存方法 & 期間
開封前は常温で約1年、開封後は冷蔵庫で保存し、なるべく早めに食べきる。

作り方

1 いちごは洗ってタオルで水気をよくふき取り、包丁でヘタを取る。

2 ボウルにいちごを入れ、グラニュー糖を加え、フォークで1/4量ぐらいつぶしながらまぶし、水分が出てくるまで約10分おく。

3 水分が出てきたら、鍋に移し（Ⓐ）、強火にかける。ひと煮たちしたら中火にし、ときどき木べらで混ぜながら約30分煮る。途中、アクを取り除く（Ⓑ）。

4 とろみがついたらレモン汁を入れ、いちごの形が残っているぐらいで、火からおろす。

5 熱いうちに保存瓶の9割ぐらいまでジャムを入れ（Ⓒ）、ふたをして冷めるまで逆さまにする（Ⓓ）。

Point
値段の手ごろな露地ものがおすすめ。粒は小粒でも、不揃いでもジャムには十分です。

いちご

いちご1パックからでもOK
レンジで
いちごジャム

鍋でじっくり作るのもいいけれど、もっと手軽に、すぐ食べきれる程度の量を作りたいときにおすすめです。
加熱ムラを防ぐため、電子レンジで何回かに分けて加熱します。

材料 （作りやすい分量）

いちご	300g
グラニュー糖	120g（果実の分量の40％）
レモン汁	大さじ1〜2

保存方法 & 期間
開封前は常温で約1年、開封後は冷蔵庫で保存し、なるべく早めに食べきる。

作り方

① いちごは洗ってタオルで水気をよくふき取り、包丁でヘタを取る。

② 加熱の途中で泡立つので、深めの耐熱ボウルを用意する。いちごを入れ、グラニュー糖をまぶし、約10分おく。

③ 電子レンジで約8分加熱し、混ぜ合わせる。

④ アクを取り除き、レモン汁を入れて混ぜ合わせ、さらに5分加熱する。

⑤ 熱いうちに保存瓶の9割ぐらいまでジャムを入れ、ふたをし、冷めるまで逆さまにする。

Point
- 電子レンジで8分、5分と、2回加熱してもゆるい場合は、それ以降1分ずつ様子を見ながら加熱します。慣れるまではペクチンテスト（P.10参照）でとろみを確認しましょう。
- レンジから取り出すごとに混ぜ合わせます。

いちごと相性のいいミルクで
いちごミルクジャム

紅白二層の色合いは見た目にも愛らしさがいっぱい。いただくときに混ぜ合わせるとマーブル状になり、また違った模様と味わいが楽しめます。

材料 （作りやすい分量）

牛乳	1ℓ
グラニュー糖	200g
バニラビーンズ	½さや
いちごジャム (P.14)	適量

保存方法 & 期間
冷蔵庫で保存し、なるべく早く食べきる。

作り方

1 ミルクジャムを作る。鍋に牛乳とグラニュー糖、さやを割ったバニラビーンズを入れ、木べらで混ぜ合わせ、強火にかける。

2 ゆっくりと混ぜ合わせながら牛乳が煮立つまで加熱する。煮立ったら、強めの中火で絶えず混ぜ合わせながら煮詰める。

3 バニラビーンズを取り除き、弱火にして煮詰め、鍋底に文字が描けるぐらいのとろみがついたら、火を止める。

4 ミルクジャムが熱いうちに保存瓶の約半分まで入れ、冷めてかたくなったら、いちごジャムを上に詰める。

Point
いちごジャムの代わりに、ブルーベリー、ラズベリージャムなどもおすすめです。

いちご

甘酸っぱい香りが広がる
いちご酒

鮮やかな赤色に、甘酸っぱい風味。春の代表的な果実酒です。赤い色素はポリフェノールの一種・アントシアニンで眼精疲労の改善に役立ちます。

飲みごろ
ここから
2カ月

材料（作りやすい分量）

いちご	300g
氷砂糖	100g
ホワイトリカー	500㎖

保存方法 & 期間
冷暗所で長期保存可能。

作り方

1 いちごは洗ってタオルで水気をよくふき取り、包丁でヘタを取る。

2 保存瓶に氷砂糖といちごを入れ、ホワイトリカーを注ぎ、ふたをする。そのまま約2カ月おく。

3 2カ月後、ざるにキッチンタオルを敷いて❷をこし、酒を別の保存瓶に移し替える。

Column

果実酒はそのままでも、割ってもおいしい！

果実酒の飲み方はさまざま。ロックやストレートで飲んでもおいしいですし、夏なら炭酸水や冷たいウーロン茶、ミルクなど、冬はお湯で割ってもおいしいです。また、カクテルのベースにするのもおすすめ。さまざまに楽しめます。

さわやかなで甘酸っぱい風味のラズベリー酒はグレープフルーツジュースで割って（→P.69）

薄い黄金色に漬かったみかん酒は牛乳で割るとまるでヨーグルトのような味わいに（→P.105）

いちご

用途の幅も広い
いちごシロップ

ほどよい酸味と甘味、元気が出る真っ赤な色。炭酸水で割ったり、ゼリーに入れたり、ヨーグルトやかき氷にかけたり、と幅広く使えるのもうれしい！

材料　(作りやすい分量)

いちご	300g
グラニュー糖	100g
水	1カップ

保存方法&期間
冷蔵庫で保存し、なるべく早く使いきる。

作り方

① いちごは洗ってタオルで水気をよくふき取り、包丁でヘタを取る。

② 鍋に水とグラニュー糖を入れ、強火にかけ、混ぜ合わせながら煮溶かし、沸騰させる。シロップができたら、粗熱を取る。

③ 保存瓶にいちごを入れ、②のシロップを注ぎ入れ、ふたをする。いちごが白くなるまでそのまま3日間おく。ときどき瓶をゆする。3日間後、ざるでこし、シロップを別の保存瓶に移し替える。

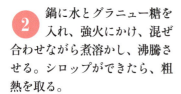

淡いロゼ色が美しい炭酸割り。

色合いもキュート！
いちごドレッシング

サラダにはもちろんのこと、いちご独特の甘酸っぱさが肉料理にもよく合い、さっぱりとした味わいが楽しめます。春ならではのドレッシングです。

材料　（作りやすい分量）

いちご	中5粒（80g）
レモン汁	大さじ1
はちみつ	小さじ½
塩・こしょう	各少々
EXVオリーブ油	大さじ3

保存方法 & 期間
冷蔵庫で保存し、なるべく早く使いきる。

作り方

1 いちごは洗ってタオルで水気をよくふき取り、包丁でヘタを切る。4等分に切り、ボウルに入れ、フォークなどでつぶす。

2 レモン汁、はちみつを入れ、塩、こしょうをふり、かき混ぜながらオリーブ油を注ぎ入れる。

Point
材料をすべてフードプロセッサーに入れてなめらかになるまで攪拌しても。

りんご

冬のジャムと言えば…
りんごジャム

りんごはペクチンがたくさん含まれていて、ジャムにするのにとてもむいている果物です。そして、ざっくりとしたりんごの食感が楽しい！シナモンパウダーをふってアップルパイの具にしても。

旬のカレンダー 10〜12月

果物メモ
バラ科リンゴ属。ペクチンが多く、ジャムむきの果物のひとつです。ジャムやコンポートには酸味があり、煮崩れしにくい紅玉やジョナゴールドがおすすめ。

材料（作りやすい分量）

りんご	2個（正味約500g）
グラニュー糖	200g（果実の分量の40%）
レモン汁	大さじ1〜2

保存方法 & 期間
開封前は常温で約1年、開封後は冷蔵庫で保存し、なるべく早めに食べきる。

作り方

1 りんごは洗って水気をタオルでふき取り、皮をむき、ヘタと芯を取り除く。縦4等分に切り、横薄切りにする。

2 鍋に❶のりんごとグラニュー糖、レモン汁を入れて混ぜ合わせる。

3 ❷を水分が出るまでおく（Ⓐ）。強火にかけ、フォークでつぶしながら煮る（Ⓑ）。

4 アクを取り除きながら、りんごがやわらかくなり、好みのとろみになるまで煮る。

5 熱いうちに保存瓶の9割ぐらいまでジャムを入れ、ふたをし、冷めるまで逆さまにする。

←パンケーキにのせ、粉糖をふって。

Point
りんごの酸味具合によってレモン汁の分量は調節してください。

りんご

酸味と甘味のバランスがいい
りんご酒

やさしい甘味とほのかに香るローズマリーが◎。炭酸水で割るとアップルタイザーのような味わいに。「ちょっと疲れがたまっているな」というときに体を元気にしてくれる果実酒です。

材料（作りやすい分量）

りんご	2個（正味約500g）
氷砂糖	100g
ホワイトリカー	1ℓ
ローズマリー	1枝

保存方法 & 期間
冷暗所で長期保存可能。

飲みごろ
ここから
2カ月

作り方

1 りんごは洗ってタオルで水気をふき、ヘタを取り除き、1cm幅の輪切りにする。

2 保存瓶に❶のりんごと氷砂糖、ホワイトリカーを注ぎ入れ（写真Ⓐ）、ローズマリーを加えて（Ⓑ）ふたをし、約2カ月おく。

3 2カ月後、ざるにキッチンタオルを敷いて❷をこし、酒を別の保存瓶に移し替える。

Point
このページの果実酒に使用したのは代表的な青りんご、王林。赤いりんごに比べて、酸味が少なく芳醇な香りが特徴です。香りがお酒に移りやすいフレッシュなりんごであれば、赤、青は問いません。

炭酸水で割り、りんごの飾り切りをのせて。→

りんご

ほんのり赤い果実が美しい
りんごのローズ煮

皮の赤が実に移り、美しいローズ色に。
上品な甘酸っぱさとりんごのさわやかな香りが
口の中いっぱいにフワッと広がります。
作っておけば急なお客様でも大丈夫！　クリスマスにもおすすめ。

材料　（作りやすい分量）

りんご	3〜4個	(正味約800g)
レモン汁	1個分	
A　白ワイン	½カップ	
水	1½カップ	
グラニュー糖	100g	
黒粒こしょう	3〜4粒	

保存方法 & 期間

冷蔵庫で保存し、約2週間。カビが生えないように、りんごは煮汁にしっかり浸ける。

作り方

1 りんごは洗ってタオルで水気をふき取り、縦4等分に切り、ヘタと芯を取り除く。

2 鍋に❶のりんごを皮を上にして入れ、レモン汁を回しかけ、Aを加え、中火でひと煮立ちさせる。中火弱にし、約10分煮て火を止める。

3 そのまま冷まし、冷めたら保存瓶に移す。食べる時に皮をはがす。

←ホイップクリームをのせ、ミントを飾って。

りんご

りんごのエキスを閉じ込めた
りんごシロップ

ペクチンが豊富なりんごには、脂肪の吸収を抑える働きがあります。
炭酸水やお湯で割るのもおすすめ。
シナモンとクローブで香りよく仕上げて。

材料 （作りやすい分量）

りんご		1～2個 （正味300g）
A	グラニュー糖	300g
	水	1カップ
	レモン汁	½カップ～ （酸味によって調整）
	シナモン（スティック）	1本
	クローブ	1個

保存方法 & 期間

冷蔵庫で保存し、なるべく早く使いきる。
シナモンスティックとクローブを入れたままで保存する場合、カビが生えないようにシロップにしっかり浸ける。

作り方

1 りんごは洗ってタオルで水気をふき取り、縦に4等分に切り、芯とヘタを取り除いてすりおろす。この時、時間がかかりすぎると酸化し、変色するので、フードプロセッサーで攪拌してもよい。

2 鍋に**1**のすりおろしたりんごとAを入れ、強火でひと煮立ちさせ、中火にしてアクを取り除きながら約5分煮る。

3 熱いうちに保存瓶に入れる。

→温めた赤ワインで割ってホットワインに。

オレンジ

苦味がなんともおいしい
オレンジの皮だけマーマレード

新鮮なオレンジを食べた後の皮を使って作ります。
キラキラと透明感のある、きれいな仕上がりに。
トーストやスコーンにたっぷりつけて召し上がれ。

材料 （作りやすい分量）

オレンジの皮 （清美オレンジ）	2個分(150g)
グラニュー糖	150g （果実の分量の100%）
水	3カップ
レモン汁	大さじ6

保存方法 & 期間

開封前は常温で約1年、開封後は冷蔵庫でなるべく早めに食べきる。

旬のカレンダー
1～3月

果物メモ

ミカン科ミカン属。オレンジは輸入ものも多く出回っていますが、皮も使うマーマレードなどは国産の清美オレンジや国産のネーブルがいいでしょう。

作り方

1 オレンジは皮をむきやすいように包丁で切れ目を入れ、皮をむく。

2 皮の苦みを取る。鍋に湯を沸かし、皮を入れ、ワタが若干半透明になるくらいまで3回ゆでこぼす。

3 水気をタオルでよくふき、せん切りにする。

4 鍋に❸とグラニュー糖1/3量を入れる。グラニュー糖は一度に入れるとかたくなるので2回に分けて入れるとよい。強火で皮が透明になるまで煮る。

5 残りのグラニュー糖を入れ、レモン汁を加えて、さらに少し煮詰める。

6 熱いうちに保存瓶の9割ぐらいまでに入れ、ふたをし、冷めるまで逆さまにする。

Point

皮はなるべく、同じサイズになるように切るときれいに仕上がります。

オレンジ

鮮やかなビタミンカラー
オレンジ酒

酸味と甘味のバランスがいい
ネーブルをブランデーリキュールで
ちょっとゴージャスに
香り高く仕上げます。
わずかに残るほろ苦さが深い味わいに。

飲みごろ ここから2カ月

材料（作りやすい分量）

オレンジ（ネーブル）	2個(500g)
氷砂糖	200g
ブランデーリキュール	1ℓ

保存方法 & 期間
冷暗所で長期保存可能。

作り方

① 鍋に湯を沸かし、オレンジを丸ごと入れ、菜箸などで全体をクルクル回しながら2～3分ゆで、冷水に取る。

② 皮をらせん状にむき、内側のワタを削ぎ取る。果肉の回りのワタを取り除き、5mm幅の輪切りにする。

③ 保存瓶に氷砂糖と❷の皮と果肉を入れ、ブランデーリキュールを注ぎ入れてふたをし、約1週間おく。

④ 1週間後、皮だけを取り出し、さらに約2カ月おく。

⑤ 2カ月後、ざるにキッチンタオルを敷いて❷をこし、酒を別の保存瓶に移し替える。

体の中から元気になる
オレンジビネガー

炭酸水やお湯で割る以外にも、
ドレッシングや照り焼きのタレなどとの相性もグッド。
シナモンやすりおろしたしょうがをプラスすると
香りもよくなり、さらには体の芯から温まります。

材料（作りやすい分量）

オレンジ（ネーブル）	2個（500g）
りんご酢	300mℓ

保存方法 & 期間
冷暗所で約6カ月。

作り方

1 ❷までは【オレンジ酒】と同じ。

2 皮はせん切りにし、果肉は5mm厚さのいちょう切りにする。保存瓶に果肉と皮を入れ、りんご酢を注ぎ入れてふたをする。1週間後、皮だけを取り出し、さらに1週間おく。これででき上がり。

Point
長期で保存するのであれば、果肉を入れたままだとビネガーが濁り、苦みが出るので、ざるでビネガーをこし、別の保存瓶に移し替えます。

オレンジ

形も愛らしい砂糖漬け
オレンジコンフィ

パウンドケーキやクッキーに刻んで混ぜるのもおすすめ。
残ったシロップは焼き菓子やお料理の香りづけに使うと、
また違った味わいが楽しめます。紅茶やアイスティーに浮かべても。

材料　（作りやすい分量）

オレンジ（ネーブル）	2個（500g）
グラニュー糖	200g
水	2カップ

保存方法＆期間
常温で約3カ月、冷凍保存で約1年。

作り方

1 鍋に湯を沸かし、オレンジを丸ごと入れ、菜箸などで全体をクルクル回しながら2～3分ゆで、冷水に取る。

2 ❶とは別の鍋に水とグラニュー糖の1/3量を入れ、強火で混ぜ合わせながらグラニュー糖を煮溶かす。

3 ❶のオレンジを5mm幅の輪切りにし、❷のシロップを入れ、落としぶたをして中火で約10分煮る。火を止め、一晩おく。

4 オレンジを取り出し、シロップに1/3量のグラニュー糖を加えて煮詰める。オレンジを戻し入れて一晩おく。

5 翌日またオレンジを取り出し、シロップに残りのグラニュー糖を加えて煮詰め、オレンジを戻し入れる。

干すことで日持ちもアップ
オレンジコンフィ ドライ

湯煎したチョコレートをつけたり、
刻んでサラダやマリネのトッピングにもおすすめ。

保存方法＆期間
常温で約3カ月、冷凍保存で約1年。

作り方

1 ❺までは【オレンジコンフィ】と同じ。

2 コンフィのシロップをきり、ざるに並べ（Ⓐ）、風通しのよいところに途中上下を返しながら、シロップが乾いて手につかなくなるくらいまで日中、約2～3日干す（Ⓑ）。

←オレンジコンフィ（上）、ドライ（下）。

Point
外に干せない場合、天板にクッキングシートを敷いて並べ、100～110度に温めたオーブンで約1時間加熱してもよい。

ブルーベリー

とろりと濃厚な仕上がり

ブルーベリージャム

ブルーベリーは種類が多く、それぞれ熟度も違い、含まれるペクチンの量も違います。とろみのチェックをして適度なかたさに仕上げて。パンケーキやチーズケーキとの相性も抜群。

旬のカレンダー
6〜8月
ツツジ科スノキ属。ペクチンが多いのでジャムに適していますが、果実酒やシロップなどもおいしくできます。傷みやすいので、何日もおかず、すぐ調理するのが基本です。

材料（作りやすい分量）

ブルーベリー	500g
グラニュー糖	200g（果実の分量の40％）
レモン汁	大さじ1〜（酸味によって調整）

保存方法＆期間

開封前は常温で約1年、開封後は冷蔵庫で保存し、なるべく早めに食べきる。

作り方

1 ブルーベリーは洗って水気をタオルでふき取り、鍋に入れてグラニュー糖をまぶす。水分を出しやすくするため、1/3量はフォークなどで適当につぶし（Ⓐ）、水気が出るまでおく（Ⓑ）。

2 レモン汁を加え（Ⓒ）、強火にかけてときどき木べらで混ぜ、アクを取り除きながら（Ⓓ）好みのとろみになるまで煮る。

3 熱いうちに保存瓶の9割ぐらいまでジャムを入れ、ふたをし、冷めるまで逆さまにする。

Column

ブルーベリー MEMO ❶

ブルーベリーの栽培品種は200以上もあるといわれ、品種改良も盛んに行われています。野生種、栽培種に大別され、野生種は酸味が強く、ペクチンが多いのが特徴。栽培種は酸味が少なく甘味があります。

←パンケーキにたっぷりかけて。

ブルーベリー

色鮮やかなワインのよう
ブルーベリー酒

赤ワインのような色合いはアントシアニン。
生活習慣病やアンチエイジングにもいいので
毎日でも飲みたい果実酒です。
酸味が少しありますが、牛乳で割るとマイルドな味わいに。

材料 （作りやすい分量）

ブルーベリー	500g
氷砂糖	100g
ホワイトリカー	1ℓ
レモン（輪切り）	1枚

保存方法＆期間
冷暗所で長期保存可能。

作り方

1 ブルーベリーは洗ってタオルで水気をよくふき取る。

2 保存瓶に氷砂糖と❶のブルーベリー、レモンを入れ、ホワイトリカーを注ぎ入れてふたをし、約2カ月おく。

3 2カ月後、ざるにキッチンタオルを敷いて❷をこし、酒を別の保存瓶に移し替える。

飲みごろ ここから2カ月

• アレンジレシピ •

ブルーベリー酒ティラミス風
フィンガービスケットをブルーベリー酒にひたし、マスカルポーネチーズ（またはクリームチーズ）と交互に重ねる。あればココアパウダーをかける。

←牛乳と割って。きれいなマーブル模様に。

Column

ブルーベリー MEMO ❷

果実が濃い青紫色をしていることからブルーベリーと呼ばれるようになったそう。原産国は北米。国産のブルーベリーは夏が旬ですが、輸入品は産地を変えながら入荷されているので比較的通年、安定して手に入りやすい果物です。

ブルーベリー

夏のエキスを閉じ込めて
ブルーベリーシロップ

果実酒とはまた違った
きれいな紅色のシロップ。
シロップを作った後の果実は
カレーやチキンの煮込み料理などに
入れると、甘味と酸味でグッと
おいしくなります。

材料　（作りやすい分量）

ブルーベリー	300g
グラニュー糖	100g
水	1カップ

保存方法 & 期間
冷蔵庫で保存し、なるべく早く使いきる。

作り方

1 ブルーベリーは洗ってタオルで水気をよくふき取り、半分に切る。フォークでつぶしてもOK。

2 鍋にグラニュー糖と水を入れ、中火で砂糖を煮溶かし、沸騰させる。シロップができたら、粗熱を取る。

3 保存瓶に**1**のブルーベリーを入れ、**2**のシロップを注ぎ入れてふたをし、約1週間おく。1週間後、ざるでこし、シロップを別の保存瓶に移し替える。

すっきりさわやかな味わい
ブルーベリービネガー

炭酸水で割るとすっきりとした涼を呼ぶ風味になり、体がシャキッとする1杯に。
夏は水で割って携帯すると熱中症の予防にもなります。
マリネやドレッシングにプラスしてもおいしい！

材料（作りやすい分量）

ブルーベリー	300g
りんご酢	300mℓ

保存方法＆期間
冷暗所で約6カ月。

① ブルーベリーは洗ってタオルで水気をよくふき取る。

② 保存瓶に①を入れ、りんご酢を注ぎ入れてふたをし、約2週間おく。

③ 2週間後、②をざるでこし、ビネガーを別の保存瓶に移し替える。

炭酸水と割って飲みやすく。はちみつを入れても。

すっきりとした酸味が美味

青梅ジャム

初夏の訪れを知らせてくれる青梅。
肉厚の梅を使うとボリューム感がグンと増します。
糖度は100%にして強い酸味をさわやかな味わいに。

材料（作りやすい分量）

青梅	正味500g
グラニュー糖	500g（果実の分量の100%）

保存方法 & 期間

開封前は常温で約1年、開封後は冷蔵庫で保存し、なるべく早めに食べきる。

旬のカレンダー
青梅5～6月
黄梅6～7月

果物メモ

バラ科サクラ属。梅酒や梅ジャム、シロップなどは粒が大きく、果肉が厚い南高梅の青梅がおすすめです。コンポートは黄梅（完熟梅）を短時間でやわらかく仕上げます。

作り方

① 梅は洗ってタオルで水気をよくふき取り、竹串でヘタを取り除く。

② 鍋に①の梅を入れ、ひたひたの水（分量外）を注ぎ入れて（A）弱火で10〜15分、やわらかくなるまで煮て火を止め、そのまま冷ます（B）。

③ ②をざるに上げる。煮汁は取っておく。果肉を手でつぶしながら、種と皮のかたい部分を取り除き（C）、ゴムベラでこすりながらこす（D）。

④ ③の煮汁と果肉を鍋に移し、グラニュー糖を半量入れて強火にかけ（E）、混ぜ合わせながら煮る。アクは取り除く（F）。

⑤ アクが出なくなったら残りのグラニュー糖を加え、ときどきかき混ぜながら好みのとろみになるまで煮る。熱いうちに保存瓶の9割ぐらいまでジャムを入れ、ふたをし、冷めるまで逆さまにする。

Point

- 作り方②の工程で長く煮たほうが種からペクチンが出ます。
- 梅によって酸味が異なるので、グラニュー糖の分量は味をみながら調節して。

梅

果実酒の定番
梅酒

梅酒は日本人になじみ深く、
ホッとする香りと味わいです。
炭酸割りやロック、
アイスティーで割るのもおすすめ。
清涼感のある飲み心地は
暑い夏をのりきる1杯です。

飲みごろ
ここから
1年

材料　（作りやすい分量）

青梅	1kg
氷砂糖	400g
ホワイトリカー	2ℓ

保存方法 & 期間
冷暗所で長期保存可能。

作り方

1 梅はやさしく洗って、1個ずつタオルで水気をよくふき取り、竹串でヘタを取り除く。

2 保存瓶に氷砂糖と❶を入れ（Ⓐ）、ホワイトリカーを注ぎ入れて（Ⓑ）ふたをし、冷暗所に約1年おく。

3 1年後、ざるにキッチンタオルを敷いて❷をこし、酒を別の保存瓶に移し替える。

Point
取り出した梅は冷蔵庫で1年保存可能。飲むときに添えたり、ジャムにしてもよい。

梅

完熟梅で愛らしく
黄梅のコンポート

黄梅を使って芳醇なコンポートに仕上げます。
シロップがまんべんなくしみ込んだ
上品な甘さとふくよかな味わい。
お茶うけの一皿としてもおすすめです。

材料（作りやすい分量）

黄梅（完熟梅）	500g
グラニュー糖	500g
水	2カップ

保存方法 & 期間

冷蔵庫で保存し、約2週間。カビが生えないように、梅は煮汁にしっかり浸ける。

Point

青梅はさわやかな味、黄梅は熟した分だけ青梅に比べて芳醇。青梅をしばらくおくと"追熟"して黄梅になり、香りが強くなります。

作り方

1 梅はやさしく洗って、1個ずつタオルで水気をよくふき取り、竹串でヘタを取り除く。煮汁をしみ込みやすくするため、表面に竹串を刺し、数カ所穴をあける。

2 鍋に❶を入れ、水（分量外）をヒタヒタに注ぎ入れて弱火にかける。煮崩れ防止のため、沸騰させないように気をつける。梅の色が変わったら火を止め、そのまま冷ます。

3 ❷とは別の鍋にグラニュー糖と水を入れ、中火で煮溶かす。

4 ❷の梅を1個ずつ静かに❸に入れる（Ⓐ）。弱火にかけ、煮立つ直前に火を止め、そのまま冷ます（Ⓑ）。

梅

クエン酸で元気に！
梅シロップ

炭酸水や水で割るスタンダードな飲み方以外にも
かき氷にかけたり、調味料のひとつとして
お料理に入れたりと幅広く使えます。
アルコールが入っていないので、子どもでも大丈夫！

材料　（作りやすい分量）

青梅	正味500g
氷砂糖	500g

保存方法 & 期間
冷蔵庫で保存し、なるべく早く使いきる。

作り方

① 梅は洗ってタオルで水気をよくふき取り、竹串でヘタを取り除く。

② 包丁で半分に切れ目を入れ（Ⓐ）、切れ目に沿って実を回して割り（Ⓑ）、ペティナイフなどで種を取り除く（Ⓒ）。

③ 保存瓶に氷砂糖と梅を交互に入れ、ふたをし、冷暗所に約10日おく。エキスを早く出すため、瓶をときどきゆする。

④ 10日後、ざるでこし、梅を取り除く。鍋にシロップを入れ、中火にかけ、アクを取り除く。沸騰したら火を止める。

⑤ 熱いうちに保存瓶に入れる。

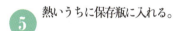

ジャム・果実酒作り Q＆A

せっかく作ったのに思い通りのかたさにならなかったり、
きちんと保存していたのにカビが生えてしまったり……。
ジャムと果実酒の"困った"や疑問にお答えします。

Q1
冷蔵庫で保存していても、ジャムにカビが生えるのはどうして？

A 密閉したジャムを開封し、空気に触れるとカビの原因になります。また、一度バターやマーガリンなどをすくったり、口にしたりしたスプーンをジャムの瓶に戻し入れると雑菌が入る原因に。開栓後は必ず冷蔵庫で保存し、なるべく早く食べきるのが原則です。

Q2
ジャムが冷めたらかたくなってしまったのはどうして？

A ジャムは果物の風味を損なわないためにも短時間で仕上げるのが基本です。必要以上に煮ると、水分が飛び過ぎてかたくなります。煮ているときはゆるめでも冷めるとかたくなるので、気をつけて煮ていきましょう。要領をつかむまで、途中何回かペクチンテスト（→P.10）をしてみてください。かたくなったジャムはレモン汁や水をプラスして再度煮るとゆるくなります。使う分だけ別の器に入れ、水分を加えて電子レンジで加熱しても。

Q3
ジャムは冷凍保存できる？

A 約1年、冷凍保存可能です。小さめの保存袋に分けて冷凍するとより便利。使うときは自然解凍でもOKですが、水分が分離することもあるので、電子レンジで加熱するといいでしょう。

Q4
果実酒に適さない果物ってある？

A 果実酒は香りや色を楽しむということから考えると香りや色の薄い果物は不向きです。たとえば、果物ではありませんが、すいかやくりなどです。すいかは香りや色があまり出ませんし、くりは香りが出ないうえに、渋皮を取る手間も大変です。それ以外は基本的においしくできるので季節に合った果実酒作りを楽しんでみましょう。

※ぶどうは法律により果実酒にすることが禁じられています。

Q5
甘さが足りないのですが、砂糖を足しても大丈夫？

A イメージしていたよりも甘味が足りない場合は再度、砂糖をプラスして加熱すれば大丈夫です。また、仕上がりの味が少し物足りない場合は、レモン汁を加えて加熱してみてください。レモン汁を加えることでしっかりした味になります。

PART 2

季節ごとの果物で楽しむ

バナナやキウイなど通年、手に入る果物から、
ももや柿、いちじく、みかんなど春夏秋冬に出回るさまざまな果物まで。
旬の果物はおいしさと栄養素がいっぱい！
これらを使ったジャムや果実酒を四季を追って紹介します。

夏みかん

何にでも幅広く使える
夏みかんマーマレード

初夏が旬の夏みかん。ほかの柑橘類に比べるとちょっと酸味が強く、ビター。皮ごとジャムにすれば果実の栄養素がまるごと摂れるのもいいところ。トーストにたっぷり塗ってどうぞ。

旬のカレンダー
5～7月
果物メモ
ミカン科ミカン属。「夏だいだい」ともいわれ、香りがいい。甘味もありますが、酸味が強いので生で食べるよりもマーマレードやゼリーなどにむいています。

材料　（作りやすい分量）

夏みかん	3個（1kg）
グラニュー糖	1kg（果実の分量の100％）
水	1.5ℓ

保存方法 & 期間
開封前は常温で約1年、開封後は冷蔵庫で保存し、なるべく早めに食べきる。

作り方

1. 夏みかんは竹串でヘタを取り、ていねいにこすり洗いする。

2. 鍋に水1ℓを沸かし、❶の夏みかんを丸ごと入れて菜箸などで全体をクルクル回しながら約10分ゆでる。ゆで汁は取っておく。

3. ❷の夏みかんを横半分に切り、種を取り除く。ボウルに水500㎖を入れ、種を漬けておく。

4. 皮はせん切りにし、果肉と薄皮はフードプロセッサーで細かくなるまで攪拌する。フードプロセッサーがない場合は、包丁で刻んでもよい。

5. 鍋に❹と❷のゆで汁、グラニュー糖、❸の種を漬けた水を入れ、強火にかける。アクを取り除きながらときどき木べらで混ぜ、約40分煮る。種は茶こしなどに入れ、鍋に入れて木べらなどでこする。弱火にし、薄皮が煮溶けて好みのとろみになるまで煮る。

6. 熱いうちに保存瓶の9割ぐらいまでジャムを入れ、ふたをし、冷めるまで逆さまにする。

Point
煮る際に種を入れるのは、ペクチンを抽出するため。木べらなどでこすると、さらに出やすくなります。

暑い夏におすすめ
夏みかんドレッシング

甘酸っぱいさわやかな風味が
サラダにはもちろん、肉料理との相性もバッチリ！
体が元気になる夏限定のドレッシングです。
食欲減退気味のときにもサッとかけて。

材料（作りやすい分量）

夏みかんの果汁	100mℓ（1個分）
塩	小さじ½
黒こしょう	小さじ½
はちみつ	小さじ2～（酸味によって調整）
EXVオリーブ油	大さじ1

保存方法 & 期間
冷蔵庫で保存し、なるべく早めに食べきる。

作り方
ボウルに材料をすべて入れ、混ぜ合わせる。

Point
はちみつは夏みかんの酸味によって量を調節して。

【キャロットラペ】
にんじん（中1本）は皮をむき、せん切りにする。ドレッシングを回しかけ、しばらくおいて味をなじませる。

びわ

初夏の味がギュッと濃縮
びわジャム

店頭に並びはじめると初夏の到来を感じます。
果肉の食感が生きたジャムです。
餡と一緒に求肥や餅に包んで、和菓子に使っても。

旬のカレンダー
5〜7月
果物メモ
バラ科ビワ属。ハウスものも出回っていますが、やはり旬の時期のほうが甘味があります。

材料 （作りやすい分量）

びわ	15個（正味約450g）
グラニュー糖	180g（果実の分量の40%）
水	大さじ5
レモン汁	大さじ4

保存方法 & 期間

開封前は常温で約1年、開封後は冷蔵庫で保存し、なるべく早めに食べきる。

作り方

1 びわは洗ってタオルで水気をよくふき取り、竹串でヘタを取り除く。半分に切り、種を取り除き、皮をむいて果肉は小口に切る。

2 鍋に❶とグラニュー糖、水を入れて水分が出るまでおく。

3 レモン汁を加え、強火にかける。ときどき木べらで混ぜ、アクを取り除きながら好みのとろみになるまで煮る。

4 熱いうちに保存瓶の9割ぐらいまでジャムを入れ、ふたをし、冷めるまで逆さまにする。

クラッカーと一緒に。

自然治癒力アップ
びわ酒

薬用効果があるといわれるびわは
種ごと漬けて香りよく。
穏やかな風味は寝る前の一杯にもおすすめです。

材料（作りやすい分量）

びわ	10個（正味約300g）
氷砂糖	70g
ホワイトリカー	1ℓ

保存方法 & 期間
冷暗所で長期保存可能。

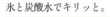
氷と炭酸水でキリッと。

飲みごろ
**ここから
2カ月**

作り方

① びわは洗ってタオルで水気をよくふき取り、竹串でヘタを取り除く。半分に切り、種を取り除く。種は取っておく。

② 保存瓶に氷砂糖とのびわと種を入れ、ホワイトリカーを注ぎ入れてふたをし、約2カ月おく。

③ 2カ月後、ざるにキッチンタオルを敷いて②をこし、酒を別の保存瓶に移し替える。

もも

スパイスを入れてぜいたくに
ももジャム

みずみずしさとふんわりとやさしい甘さは
スイーツのような味わい。
こしょうの香りと風味をアクセントに。
ちょっとゴージャスで幸せを感じるジャムの完成です。

旬のカレンダー
6～9月

果物メモ
バラ科モモ属。種類も豊富ですが、ジャムや果実酒には値段も手頃な白鳳系がおすすめ。少し痛んでもジャムなどにすれば気になりません。

材料 （作りやすい分量）

もも	2個（正味約500g）
グラニュー糖	180～200g（果実の分量の約40％）
レモン汁	大さじ2
黒粒こしょう	2～3粒
粗びきこしょう	小さじ⅓

保存方法＆期間
開封前は常温で約1年、開封後は冷蔵庫で保存し、なるべく早めに食べきる。

作り方

1 ももはさっと洗い、皮をむき、種を取り除き、1cm角に切る。皮と種は色が変わらないようにレモン汁をかける。

2 鍋に❶とグラニュー糖を入れ、水分が出るまでおく。皮と種はお茶パックなどに入れる。

3 ❷のお茶パックと粒こしょう、粗びきこしょうを鍋に入れ強火にかける。

4 ときどき木べらで混ぜ、アクを取り除きながら好みのとろみになるまで煮る。

5 熱いうちに保存瓶の9割ぐらいまでジャムを入れ、ふたをし、冷めるまで逆さまにする。

Point
- 粗びきこしょうがあれば、使うと香りがよくなります。子ども向けのものは粗びきこしょうは入れずに粒こしょうだけで。
- ももの甘味、酸味によってグラニュー糖やレモン汁の量は調節して。
- ももは皮にもポリフェノールが含まれているので捨てずに使います。

もも

皮ごと漬けて
もも酒

皮ごと漬けるとポリフェノールが摂れ、
種も漬けると香りがよくなります。
甘く、まろやかな飲み口ですが、
レモンをプラスするとシャープな味わいに。

材料（作りやすい分量）

もも	2個（正味約500g）
氷砂糖	100g
ホワイトリカー	1ℓ
レモン（輪切り）	2～3枚

保存方法 & 期間
冷暗所で長期保存可能。

飲みごろ ここから2カ月

作り方

1 ももは洗ってタオルで水気をよくふき取り、皮つきのまま4～6等分のくし形に切り、種を取り除く。

2 保存瓶に氷砂糖と❶とレモンを入れ、ホワイトリカーを注ぎ入れてふたをし、約2カ月おく。

3 2カ月後、ざるにキッチンタオルを敷いて❷をこし、酒を別の保存瓶に移し替える。

← 泡がはじけるもも酒ソーダ。

• アレンジレシピ •

もも酒ジュレ
水大さじ1にゼラチン小さじ1½をふり入れて混ぜ、ふやかしておく。電子レンジで見ながら加熱して溶かし、もも酒1カップに加えてよく混ぜ合わせる。バットに流し入れ、冷めたら冷蔵庫で冷やし固める。固まったらフォークでひっかくように混ぜてジュレ状にする。好みの野菜とスモークサーモンを皿に盛りつけ、ジュレをかけて。ゼリーとしてそのままデザートでも。

愛らしい色が素敵
すももジャム

甘酸っぱい香りが広がります。お菓子のツヤ出しにも。
チーズやクラッカーにのせてホームパーティの
オードブルにもおすすめ。ワインとの相性もぴったりです。

旬のカレンダー
6〜9月

果物メモ
バラ科スモモ属。ももに比べると酸味があり、さっぱりとした甘味です。ももよりも傷つきにくいですが、熟れすぎたものはジャムにするとおいしさがよみがえります。

材料（作りやすい分量）

すもも	9個（正味約450g）
グラニュー糖	315g（果実の分量の70%）

保存方法 & 期間
開封前は常温で約1年、開封後は冷蔵庫で保存し、なるべく早めに食べきる。

作り方

1 すももは洗ってタオルで水気をよくふき取り、包丁で半分に切れ目を入れ、切れ目に沿って実を回して割り、種を取り除く。種は取っておく。

2 鍋に①のすももとグラニュー糖を入れ、水気が出るまでおく。

3 種はお茶パックなどに入れて煮汁に漬け、強火にかける。ときどき木べらで混ぜ、アクを取り除きながら好みのとろみになるまで煮る。

4 熱いうちに保存瓶の9割ぐらいまでジャムを入れ、ふたをし、冷めるまで逆さまにする。

アペリティフにおすすめ
すもも酒

一口飲むと甘酸っぱい香りが口いっぱいに広がり、初夏の訪れを感じさせるお酒です。
美しいルビー色が華やかな気分に。
アペリティフにもむいています。

材料	（作りやすい分量）
すもも	6〜7個（正味約300g）
氷砂糖	60g
ホワイトリカー	500mℓ

保存方法 & 期間
冷暗所で長期保存可能。

飲みごろ
ここから
2カ月

作り方

① すももは洗ってタオルで水気をよくふき取り、包丁で半分に切れ目を入れ、切れ目に沿って実を回して割り、種を取り除く。種は取っておく。

② 保存瓶に氷砂糖と①のすももと種を入れ、ホワイトリカーを注ぎ入れてふたをし、約2カ月おく。

③ 2カ月後、ざるにキッチンタオルを敷いて②をこし、酒を別の保存瓶に移し替える。

あんず

夏にぴったり
あんずジャム

国産のあんずは酸味が強いのが特徴です。
日持ちしないので購入したら早めに作りましょう。
キリッとした酸味が夏にふさわしいジャムに。
タルトやパウンドケーキのツヤ出しにもどうぞ。

旬のカレンダー
6月下旬～7月下旬

果物メモ
バラ科サクラ属。別名、アプリコット。旬が短く、収穫後も短期間で味が落ちてしまうので、長期間、味を楽しむにはジャムや果実酒がおすすめ。

保存方法 & 期間
開封前は常温で約1年、開封後は冷蔵庫で保存し、なるべく早めに食べきる。

材料 （作りやすい分量）

あんず	12個（正味500g）
グラニュー糖	250g（果実の分量の50%）
水	125ml

作り方

1 あんずは洗ってタオルで水気をよくふき取り、皮をむき、包丁で半割りにし、種を取り除く。

2 鍋に❶のあんずを2/3とグラニュー糖、水を入れ、中火で少しやわらかくなるまで煮る。途中、残りのあんずを加え、アクを取り除きながら好みのとろみになるまで煮る。

3 熱いうちに保存瓶の9割ぐらいまでジャムを入れ、ふたをし、冷めるまで逆さまにする。

Point

あんずは実がやわらかいので、実を2回に分けて煮ると、食感が残ります。一度に煮てもいいですが、仕上がりがピューレ状になります。

女性に人気の果実酒
あんず酒

ほどよい甘さとさわやかな口当たりがクセになります。
夏はロックや炭酸割りで冬はホットでと
1年を通して楽しめるのもうれしい！

材料（作りやすい分量）

あんず	25個（正味1kg）
氷砂糖	200g
ホワイトリカー	1ℓ

保存方法 & 期間
冷暗所で長期保存可能。

飲みごろ
ここから
2カ月

作り方

① あんずは洗ってタオルで水気をよくふき取り、皮をむき、包丁で半割りにし、種を取り除く。種は取っておく。

② 保存瓶に氷砂糖と①のあんずと種を入れ、ホワイトリカーを注ぎ入れてふたをし、約2カ月おく。

③ 2カ月後、ざるにキッチンタオルを敷いて②をこし、酒を別の保存瓶に移し替える。

Point
種の中の白い部分を取り出し、漬ける際に加えると、アーモンド風のフレーバーが楽しめます。この白い部分を乾燥させたものを杏仁（きょうにん）と呼び、杏仁豆腐に使われます。

レモンとシナモンスティックを入れて。

アメリカンチェリー

初夏の味がギュッと濃縮
アメリカンチェリージャム

初夏になると出回るアメリカンチェリー。
日本のさくらんぼより酸味が少なく、
粒が大きくて厚みのある果肉が特徴です。
ホイップクリームやブルーチーズとよく合います。

旬のカレンダー　5～7月

果物メモ
バラ科サクラ属。国産のさくらんぼに比べて安価で、ジャムや果実酒などを作る場合はこちらがおすすめ。大粒で果肉も厚みがあるのでジャムにした際にごろごろとした食感が楽しめます。

材料（作りやすい分量）

アメリカンチェリー	正味500g
グラニュー糖	400g（果実の分量の80%）
水	大さじ5
レモン汁	大さじ2
キルシュ	大さじ1

保存方法＆期間
開封前は常温で約1年、開封後は冷蔵庫で保存し、なるべく早めに食べきる。

Point
さくらんぼを原料にしたブランデーのキルシュがあれば加えると香りがよくなります。キルシュはドイツ語でさくらんぼのこと。

作り方

1 アメリカンチェリーは水で洗ってタオルで水気をよくふき取り、軸を取り除き、半割りにして種を取り除く。

2 鍋に❶のアメリカンチェリーとグラニュー糖、水を入れ、混ぜ合わせ、水気が出るまでおく。レモン汁を回し入れ、強火にかける。ときどき木べらで混ぜ、アクを取り除きながら好みのとろみになるまで煮る。

3 ❷にキルシュを入れてひと煮立ちさせ、アルコール分を飛ばす。熱いうちに保存瓶の9割ぐらいまでジャムを入れ、ふたをし、冷めるまで逆さまにする。

マフィン、ホイップクリームと。

深紅の色合いが素敵
アメリカンチェリー酒

甘やかな香りと深紅の色合いがキュートなチェリー酒。ロックやストレートでもおいしいですが、サワーやカクテルのベースにしても。

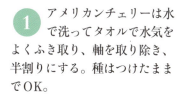

飲みごろ ここから2カ月

材料　（作りやすい分量）

アメリカンチェリー	正味400g
氷砂糖	80g
ホワイトリカー	1ℓ

保存方法 & 期間
冷暗所で長期保存可能。

作り方

1 アメリカンチェリーは水で洗ってタオルで水気をよくふき取り、軸を取り除き、半割りにする。種はつけたままでOK。

2 保存瓶に氷砂糖と❶のアメリカンチェリーを入れ、ホワイトリカーを注ぎ入れてふたをし、約2カ月おく。

3 2カ月後、ざるにキッチンタオルを敷いて❷をこし、酒を別の保存瓶に移し替える。

プルーン

アンチエイジング効果も
プルーンジャム

甘味が強く、トロリと濃厚な味わいがクセになります。ビタミンEが豊富でアンチエイジングの効果も期待できるなど、特に女性にはうれしいジャムです。ヨーグルトやパンケーキによく合います。

旬のカレンダー
7月中旬～10月

果物メモ
バラ科サクラ属。ペクチンが多く、ジャムにむいていますが、冷めると粘度が高くなるので煮すぎないよう気をつけましょう。

材料（作りやすい分量）

プルーン	6個（正味約400g）
グラニュー糖	160g
レモン汁	小さじ2
くるみ（煎って粗く刻んだもの）	20g

保存方法 & 期間
開封前は常温で約1年、開封後は冷蔵庫で保存し、なるべく早めに食べきる。

ヨーグルトにかけてどうぞ。

作り方

1 プルーンは洗って水気をタオルでふき取る。包丁で半分に切れ目を入れ、切れ目に沿って実を回して割り、種を取り除き、皮をむいてざく切りにする。種は取っておく。

2 鍋に①のプルーンとグラニュー糖、レモン汁を入れ、混ぜ合わせ、水分が出るまでおく。

3 種はお茶パックなどに入れて煮汁に漬け、強火にかける。ときどき木べらで混ぜ、アクを取り除きながら好みのとろみになるまで煮る。くるみを加え、火を止める。

4 熱いうちに保存瓶の9割ぐらいまでジャムを入れ、ふたをし、冷めるまで逆さまにする。

体が喜ぶ果実酒
プルーン酒

ビタミンEのほかにもミネラルがたっぷりで毎日の元気を作るのに役立つ果実酒です。美しい深紅の色合いが大人の雰囲気。くるみやアーモンドなどのナッツ類を添えて。

材料（作りやすい分量）

プルーン	4〜5個（正味約300g）
氷砂糖	60g
ホワイトリカー	500mℓ
レモン（薄切り）	1枚

飲みごろ ここから2カ月

保存方法 & 期間
冷暗所で長期保存可能。

作り方

① プルーンは洗って水気をタオルでふき取る。半分に切れ目を入れ、切れ目に沿って実を回して割り、種を取り除く。

② 保存瓶に氷砂糖と①のプルーン、レモンの薄切りを入れ、ホワイトリカーを注ぎ入れてふたをし、約2カ月おく。

③ 2カ月後、ざるにキッチンタオルを敷いて②をこし、酒を別の保存瓶に移し替える。

ラズベリー

ほどよい酸味が◎
ラズベリージャム

コロンとした赤い実がかわいい木いちごの一種、ラズベリーは生で食べると酸味が強いのでジャムにして食べやすく。ブランデーで香りよく仕上げます。
ケーキに飾るととても映えます。

旬のカレンダー
6〜8月

果物メモ
バラ科キイチゴ属。しっかりとした酸味があるのでジャムや果実酒にむいています。冷凍しても味が落ちにくいので冷凍品で作ってもおいしくできます。

材料（作りやすい分量）

ラズベリー	300g
グラニュー糖	120g（果実の分量の40%）
ブランデー	少々

保存方法 & 期間
開封前は常温で約1年、開封後は冷蔵庫で保存し、なるべく早めに食べきる。

作り方

1. ラズベリーは洗って水気をタオルでふき取り、あればヘタを取り除く。

2. 鍋に①とグラニュー糖を入れ、水分が出るまでおく。

3. 強火にかける。ときどき木べらで混ぜ、アクを取り除きながら好みのとろみになるまで煮たら、ブランデーを加えてひと煮立ちさせる。

4. 熱いうちに保存瓶の9割ぐらいまでジャムを入れ、ふたをし、冷めるまで逆さまにする。

赤い色も活力に
ラズベリー酒

鮮やかな深紅が見た目にも楽しく、
さわやかな香りと甘酸っぱい風味が広がります。
グレープフルーツジュースで割るのがおすすめ。
夏は冷やすと一段とおいしくなります。

材料　（作りやすい分量）

ラズベリー	250g
氷砂糖	100g
ホワイトリカー	500㎖
シナモン（スティック）	½本

保存方法 & 期間
冷暗所で長期保存可能。

飲みごろ
ここから
2カ月

グレープフルーツジュースで割って。

作り方

1. ラズベリーは洗って水気をタオルでふき取る。

2. 保存瓶に氷砂糖と①、シナモンスティックを入れ、ホワイトリカーを注ぎ入れてふたをし、約2カ月おく。

3. 2カ月後、ざるにキッチンタオルを敷いて②をこし、酒を別の保存瓶に移し替える。

メロン

ジューシーな仕上がり
メロンジャム

上品な甘い香りとみずみずしさが特徴のメロン。
ジャムにする際はやわらかな肉質と風味を生かすために
加熱しすぎないのがポイント。
ヨーグルトやアイスクリームとの相性もピッタリ。

旬のカレンダー
5〜8月
果物メモ
ウリ科キュウリ属。食べごろを過ぎてしまってもジャムにするとおいしくできます。ただ、熟れすぎると酸味が若干少なくなるのでレモン汁で調節しましょう。

材料 （作りやすい分量）

メロン	1個（果肉+果汁1kg）
グラニュー糖	200g
レモン汁	大さじ1

保存方法 & 期間
開封前は常温で約1年、開封後は冷蔵庫で保存し、なるべく早めに食べきる。

作り方

❶ メロンは洗ってタオルで水気をふき取り、皮をむき、種とワタはざるでこし、果汁を取る。果肉はざく切りにする。

❷ 鍋に❶の果肉と果汁、グラニュー糖、レモン汁を入れ、強火にかける。ときどき木べらで混ぜ、アクを取り除きながら好みのとろみになるまで煮る。

❸ 熱いうちに保存瓶の9割ぐらいまでジャムを入れ、ふたをし、冷めるまで逆さまにする。

メロンの風味が引き立つ
メロン酒

はちみつを使ってコクのある甘味に仕上げます。風味をダイレクトに楽しむならロックで、炭酸や柑橘系のジュースで割ると、甘味と酸味のバランスが取れた味わいが楽しめます。

材料 （作りやすい分量）

メロン	1/2個分（正味500g）
はちみつ	100g
ホワイトリカー	1ℓ

保存方法 & 期間
冷暗所で長期保存可能。

飲みごろ
ここから2カ月

作り方

① メロンは洗ってタオルで水気をふき取り、種とワタを取り除き、皮をむいて果肉を大き目に切る。

② 保存瓶に①とはちみつを入れ、ホワイトリカーを注ぎ入れてふたをし、約2カ月おく。

③ 2カ月後、ざるにキッチンタオルを敷いて②をこし、酒を別の保存瓶に移し替える。

果肉も入れて、炭酸水でさわやかに。

マンゴー

とろけるような味わい
マンゴージャム

南国の代表的なフルーツ、マンゴー。うま味と甘味がギュッと詰まったとろけるような口当たりと濃厚な味わいが魅力。レモングラスでさわやかさをプラス。

旬のカレンダー
通年(ペリカンマンゴー)
5～7月(アップルマンゴー)

果物メモ
ウルシ科マンゴー属。ペリカンマンゴーは細長い形がペリカンのくちばしに似ていることから。値段も手ごろ。アップルマンゴーは熟すと赤みを帯びてくることから。卵のような形で果汁が多く、濃厚。

材料　(作りやすい分量)

ペリカンマンゴー	3個（正味約500g）
グラニュー糖	200g（果実の分量の40%）
レモングラス	1本

保存方法＆期間
開封前は常温で約1年、開封後は冷蔵庫で保存し、なるべく早めに食べきる。

アイスクリームにかけて。

作り方

1 マンゴーは洗ってタオルで水気をよくふき取り、種に沿って縦に3等分する（Ⓐ）。皮をむき、種についている果肉はスプーンでこそげ取る（Ⓑ）。レモングラスは適当な長さに切る。

2 鍋に①の果肉とグラニュー糖を混ぜ合わせ、水分が出るまでおく。

3 レモングラスを加え、強火にかける。ときどき木べらで混ぜ、アクを取り除きながら好みのとろみになるまで煮る。

4 熱いうちに保存瓶の9割ぐらいまでジャムを入れ、ふたをし、冷めるまで逆さまにする。

夏におすすめ！
マンゴー酒

夏にぴったりのトロピカルな果実酒です。
マンゴーのやわらかい甘味が上品。
黒粒こしょうを加えて味を引き締め、
香りを引き立てます。

材料　（作りやすい分量）

アップルマンゴー	2個（正味約400g）
氷砂糖	80g
ホワイトリカー	1ℓ
黒粒こしょう	10粒

保存方法 & 期間
冷暗所で長期保存可能。

飲みごろ
ここから
2週間

作り方

1 マンゴーは洗ってタオルで水気をよくふき取り、種に沿って縦に3等分する。皮をむき、ざく切りにする。

2 保存瓶に氷砂糖と**1**、黒粒こしょうを入れ、ホワイトリカーを注ぎ入れてふたをし、約2週間おく。

3 2週間後、ざるにキッチンタオルを敷いて**2**をこし、酒を別の保存瓶に移し替える。

すだち・かぼす

辛口のお酒が好きな人に
すだち酒

酸味が強く、さわやかな香りが夏にぴったり！
熟成させると酸味が弱くなってまろやかな味わいに。
このままでもおいしいですが、
「甘いほうが好き！」という人は、はちみつをプラスして。

旬のカレンダー
8〜10月

果物メモ
ミカン科ミカン属。すだちとかぼすは混同されがちですが、すだちのほうがかぼすよりも小さく、皮が薄いので皮ごと漬ける果実酒にむいています。

飲みごろ
ここから2カ月

材料 （作りやすい分量）

すだち	20個（400g）
氷砂糖	100g
ホワイトリカー	1ℓ

保存方法 & 期間
冷暗所で長期保存可能。

作り方

1 すだちは洗って水気をタオルでふき取り、ヘタを取り除き、4等分の輪切りにする。

2 保存瓶に氷砂糖と❶を入れ、ホワイトリカーを注ぎ入れてふたをし、約2カ月おく。

3 2カ月後、ざるにキッチンタオルを敷いて❷をこし、酒を別の保存瓶に移し替える。

さわやかな風味
かぼすぽん酢

出汁やみりんを使わず、かぼすとしょうゆで作るので
保存がききます。少し多めに作っておくのがおすすめ。
サラダや肉料理、お刺身、鍋などに
少し使うだけでさっぱりとした味わいに。

材料（作りやすい分量）

かぼすの絞り汁	100㎖
しょうゆ	100㎖
かぼすの皮（すりおろし）	1個分

保存方法＆期間
冷蔵庫で保存し、1カ月。

作り方
ボウルにかぼすの絞り汁としょうゆ、かぼすの皮を加え、混ぜ合わせる。

【あじの刺身】
薄切りにした玉ねぎを器に盛り、あじをのせ、かつお節を盛る。かぼすぽん酢でいただく。

Column
すだち＆かぼす MEMO

すだちはゴルフボール大でかぼすに比べてやわらかな酸味。「酢みかん」ともいわれ、お刺身やマツタケなどによく合います。一方かぼすはテニスボールぐらいの大きさで酸味が強いのが特徴。焼き魚などに絞って使います。いずれもビタミンCが多く、疲労回復やカゼの予防、美肌作りなどに役立ちます。

ライム

ライムの輪切りをグラスに飾り、炭酸とはちみつで。

キリッと爽快な味わい
ライム酒

レモンよりも酸味が強く、
鋭いきれ味と爽快な味わいが特徴。
バイマックルーを入れて香りよく
仕上げます。ジンをベースにしても。

旬のカレンダー
9〜12月

果物メモ
ミカン科ミカン属。酸味が強いのでジャムにはむいていませんが、果実酒などにするとおいしくできます。皮ごと漬けるのでノーワックスのものを使うといいでしょう。

材料 (作りやすい分量)

ライム	500g
氷砂糖	100g
ホワイトリカー	1ℓ
バイマックルー	2枚
黒粒こしょう	4〜5粒

保存方法 & 期間
冷暗所で長期保存可能。

作り方

1. 鍋に湯を沸かし、ライムを丸ごと入れ、菜箸などで全体をクルクル回しながら2〜3分ゆで、冷水に取る。

2. 包丁でヘタを取り除き、皮を縦に3、4カ所むき、1cm幅の輪切りにする

3. 保存瓶に氷砂糖と②、バイマックルー、黒粒こしょうを入れ、ホワイトリカーを注ぎ入れてふたをし、約2カ月おく。

4. 2カ月後、ざるにキッチンタオルを敷いて③をこし、酒を別の保存瓶に移し替える。

Point
バイマックルーはみかん科の樹木で、和名をこぶみかんといい、トムヤムクンなどタイ料理にしばしば使われます。少しプラスすると香りがよくなります。

手軽にエスニックを
ライムドレッシング

清涼感がある風味豊かなドレッシングです。
サラダ以外にも肉料理やスープなどに入れても、
キリッとした味わいが楽しめます。
少し多めに作っておくのがおすすめ。

【鶏肉と春雨のサラダ】
鶏もも肉は長ねぎの葉としょうがの薄切りを入れた湯でゆでて、食べやすい大きさに切る。ゆでた春雨と細切りにしたきゅうり、4等分にしたミニトマトを混ぜ合わせて器に盛り、ざく切りにしたパクチーをのせ、輪切りにしたライムを飾る。

材料（作りやすい分量）

ライム汁	大さじ3
ナンプラー	大さじ1
はちみつ	大さじ1
黒こしょう	小さじ1/3

保存方法 & 期間
冷蔵庫で保存し、1カ月。

作り方
ボウルに材料をすべて混ぜ合わせる。

Column

ライム MEMO
原産地はヒマラヤといわれています。日本では愛媛や香川が主な産地ですが、現在流通しているものの多くはメキシコ産。一般的にライムと呼ばれているものにはタヒチライム、ペルシャライムの2種があり、形はレモンと似ていますが、レモンよりも小さいのが特徴。

パイナップル

南国の香り漂う
パイナップルジャム

酸味と甘味のバランスがよく、ジューシー。
肉をやわらかにするたんぱく質分解酵素も
含まれているので肉料理に使うのもおすすめ。
もちろん、パンやお菓子作りにも。

旬のカレンダー
6〜8月

果物メモ
パイナップル科アナナス属。ペクチンが少ないのでジャムにする際は果肉をフォークやミキサーで攪拌してとろみを出すといいでしょう。

材料（作りやすい分量）

パイナップル	1個（正味500g）
グラニュー糖	200g（果実の分量の40%）
レモン汁	大さじ1/2〜（酸味によって調整）
ラム酒	大さじ1/2

保存方法 & 期間

開封前は常温で約1年、開封後は冷蔵庫で保存し、なるべく早めに食べきる。

作り方

1. パイナップルは葉を取り、両端は切り落とし、皮をむき、縦に4等分に切る。芯を取り除き、1cm角に切る。

2. 鍋に1を入れ、フォークで軽くつぶし、グラニュー糖とレモン汁を加え、水分が出るまでおく。

3. 強火にかける。ひと煮立ちしたら弱火にし、アクを取り除きながら好みのとろみになるまで煮て、ラム酒を加える。

4. 熱いうちに保存瓶の9割ぐらいまでジャムを入れ、ふたをし、冷めるまで逆さまにする。

Point
好みで黒こしょうを入れても。

トロピカルな気分で
パイナップル酒

豊かな香りと甘味が印象的な果実酒。
パイナップルは整腸作用や脂肪の代謝を助けるので
食後酒としてもおすすめ。
ドライココナッツを加えると南国感がさらに増します。

飲みごろ
ここから
2カ月

材料（作りやすい分量）

パイナップル	1個（正味500g）
氷砂糖	100g
ホワイトリカー	1ℓ
ドライココナッツ	大さじ1

保存方法 & 期間
冷暗所で長期保存可能。

作り方

1. パイナップルは葉を取り、両端を切り落とし、表面の固い部分はこそいで、皮つきのまま縦に8等分に切る。

2. 保存瓶に氷砂糖と①、ドライココナッツを入れ、ホワイトリカーを注ぎ入れてふたをし、約2カ月おく。

3. 2カ月後、ざるにキッチンタオルを敷いて②をこし、酒を別の保存瓶に移し替える。

Point
- 皮にも香りがあるので、捨てずに使います。
- ドライココナッツの代わりに干しぶどうやレモングラス、ミントなどのハーブでも。

パパイヤ

南国を感じさせる
パパイヤジャム

南国を感じさせる華やかな香りがあり、熱帯フルーツの代表的な果実。
ジャムはパンやスイーツだけでなく、
チャツネ代わりにカレーなどの隠し味にもどうぞ。

旬のカレンダー
5〜9月

果物メモ
パパイヤ科パパイヤ属。南国らしい豊かな香り。酸味が少ないのでジャムや果実酒にもむいています。

材料　（作りやすい分量）

パパイヤ	1〜2個（正味約500g）
グラニュー糖	200g（果実の分量の40%）
バニラビーンズ	1本（バニラエッセンス少々でも）

保存方法 & 期間
開封前は常温で約1年、開封後は冷蔵庫で保存し、なるべく早めに食べきる。

作り方

① パパイヤは洗って水気をきり、縦半分に切り、スプーンで種を取り除く。皮をむき、粗みじん切りにする。バニラビーンズは包丁で縦に切れ目を入れて開き、包丁の背で中身をこそげ取る。

② 鍋に①とグラニュー糖、バニラビーンズの中身を入れ、水分が出るまでおく。

③ 強火にかける。ときどき木べらで混ぜ、アクを取り除きながら好みのとろみになるまで煮る。

④ 熱いうちに保存瓶の9割ぐらいまでジャムを入れ、ふたをし、冷めるまで逆さまにする。

飲んだらクセになる
パパイヤ酒

ブランデーベースのお酒を使って
香りよく、エキゾチックな味わいに。
冬よりも夏にじっくり味わいたいドリンクです。
炭酸水で割ったり、カクテルでどうぞ。

飲みごろ
ここから
2カ月

チーズとともに、炭酸割りで。

材料 （作りやすい分量）

パパイヤ	1〜2個（正味約500g）
氷砂糖	100g
ブランデーベースの酒	1ℓ
レモン（輪切り）	3枚

保存方法 & 期間
冷暗所で長期保存可能。

作り方

① パパイヤは洗ってタオルで水気をよくふき取り、縦半分に切り、スプーンで種を取り除き、皮をむいて薄切りにする。

② 保存瓶に①と氷砂糖、レモンの輪切りを入れ、ブランデーベースの酒を注ぎ入れてふたをし、約2カ月おく。

③ 2カ月後、ざるにキッチンタオルを敷いて②をこし、酒を別の保存瓶に移し替える。

柿

甘味が詰まった
柿ジャム

秋の訪れを感じさせてくれる柿。
よく熟したものはトロッと上品で濃厚な味わい。
栄養価も高く、滋味あふれるジャムは
パイやパウンドケーキなど焼き菓子にもおすすめ。

旬のカレンダー
10〜11月

果物メモ
カキノキ科カキノキ属。しっかりとした甘味はジャムにするとより濃厚でおいしくなります。柿酒にする場合、完熟よりも若干、かための柿のほうがいいでしょう。

材料（作りやすい分量）

柿	3〜4個（正味約500g）
黒糖もしくは三温糖	200g（果実の分量の40%）
レモン汁	大さじ2

保存方法 & 期間
開封前は常温で約1年、開封後は冷蔵庫で保存し、なるべく早めに食べきる。

作り方

① 柿は洗ってタオルで水気をふき、皮をむいてヘタを取り、半分に切る。種を取り除き、1cm角に切る。

② 鍋に①と黒糖（または三温糖）、レモン汁を入れ、混ぜ合わせ、水分が出るまでおく。

③ 強火にかける。ときどき木べらで混ぜ、アクを取り除きながら好みのとろみになるまで煮る。

④ 熱いうちに保存瓶の9割ぐらいまでジャムを入れ、ふたをし、冷めるまで逆さまにする。

パンにクリームチーズと塗って。

懐かしくて体にもいい
柿酒

ビタミンCが豊富で美容やカゼ予防にもいい柿酒。
郷愁を誘う深い味わい。
白ワインで割ると、和洋折衷のおいしさに。
秋の夜長に楽しみたい一杯です。

材料　（作りやすい分量）

柿	3〜4個（正味500g）
氷砂糖	100g
ホワイトリカー	1ℓ

保存方法 & 期間
冷暗所で長期保存可能。

飲みごろ
ここから
2カ月

作り方

1 柿は洗ってタオルで水気をふき、皮をむき、ヘタを取り、1cm幅の輪切りにし、種を取り除く。

2 保存瓶に氷砂糖と❶を入れ、ホワイトリカーを注ぎ入れてふたをし、約2カ月おく。

3 2カ月後、ざるにキッチンタオルを敷いて❷をこし、酒を別の保存瓶に移し替える。

ぶどう

ジューシーな味わい
ぶどうジャム 2 種
（マスカット・巨峰）

ぶどうの粒が残ったゴージャスなジャムはツルンとした口当たり。
マスカットには白ワインを加えて風味豊かに。
フルーツソースとして、照り焼きのタレに加えても
ワンランク上の味わいになります。

旬のカレンダー
7～9月（マスカット）
8～10月（巨峰）

果物メモ
マスカットは酸味が少なく、上品な甘さ。種類によっては皮ごと食べられるものもあります。巨峰は果汁が多く、甘味も強いのが特徴です。いずれもペクチンがそれほど多くないのでジャムを作るときはレモン汁を多めに入れるといいでしょう。

材料（作りやすい分量）

ぶどう（マスカット系）	2房	（約500g）
グラニュー糖	200g	（果実の分量の40%）
白ワイン	50mℓ	
レモン汁	大さじ1～	（酸味によって調整）

材料（作りやすい分量）

ぶどう（巨峰系）	2房	（約500g）
グラニュー糖	200g	（果実の分量の40%）
レモン汁	大さじ1～	（酸味によって調整）

保存方法 & 期間
開封前は常温で約1年、開封後は冷蔵庫で保存し、なるべく早めに食べきる。

作り方（マスカット系も巨峰系も同じ）

1 ぶどうは枝から取り、洗ってタオルで水気をふき、皮のまま4等分に切る。

2 鍋に❶とグラニュー糖、白ワイン（マスカット系のみ）、レモン汁を入れ、混ぜ合わせ、水分が出るまでおく。

3 強火にかけて皮がはがれるまで煮て火を止める。ざるにあげ、煮汁をこす。煮汁は取っておく。ぶどうの皮を箸でむき、種を取り除く。皮は箸を使うとむきやすい。

4 鍋に❸の果肉とこした煮汁を戻し入れ、アクを取り除きながら好みのとろみになるまで煮る。

5 熱いうちに保存瓶の9割ぐらいまでジャムを入れ、ふたをし、冷めるまで逆さまにする。

Point
ぶどうの酸味によってレモン汁の量の調節を。

ぶどう

さまざまに楽しめる

ぶどうシロップ

優雅で美しいぶどう色。
炭酸水で割ると即席グレープジュースのでき上がり。
飲む以外にもヨーグルトやレアチーズケーキにかけたりと
さまざまな味わい方が楽しめます。

材料 （作りやすい分量）

ぶどう（巨峰系）	2房（正味約500g）
水	½カップ
グラニュー糖	250g
レモン汁	大さじ1〜（酸味によって調整）

保存方法 & 期間

冷蔵庫で保存し、なるべく早く使いきる。

作り方

1 ぶどうは枝から取り、洗ってタオルで水気をふき、皮のまま4等分に切る。

2 鍋に❶と水、グラニュー糖、レモン汁を入れる。強火でひと煮立ちさせたら中火にし、木べらでぶどうをつぶし、アクを取り除きながら10〜15分煮る。

3 ボウルにざるをのせ、キッチンタオルを敷いて❷をスプーンでつぶしながらこす。こしたら、保存瓶に入れる。

Column

ぶどうMEMO

皮の表面に白っぽい粉のようなものがついていますが、「ブルーム」と呼ばれる天然物質です。ぶどう自身の水分を保護して新鮮さを維持する働きがあるといわれています。ブルームがまんべんなく付着しているぶどうは鮮度がいい証拠。無害なので食べても大丈夫です。皮にはアントシアニンが含まれ、眼精疲労や老化現象を引き起こす原因といわれている活性酸素の除去に役立ちます。日持ちしないので、食べきれない場合はジャムやシロップにするといいでしょう。

• アレンジレシピ •

ぶどうシロップ茶巾絞り

白あん50gにぶどうシロップ小さじ1を混ぜて、ガーゼで絞れば、上品な和菓子、茶巾絞りに。

← さわやかなぶどうソーダにして。

梨

くるみの食感も楽しい！
梨ジャム

みずみずしく、シャキッとした食感が味わい深いジャムです。炒ったくるみを加えると、香ばしさと食感がプラスされ、ひと味違ったおいしさに。秋を感じさせるジャムです。

旬のカレンダー
8〜10月

果物メモ
バラ科ナシ属。種類が豊富ですが、ほとんどが水分でジャムに必要なペクチンが少ないのが難点。薄切りにするととろみがつきます。

材料（作りやすい分量）

梨	1〜2個（正味約500g）
グラニュー糖	200g（果実の分量の40％）
レモン汁	大さじ1〜2
くるみ（煎って刻んだもの）	15g

保存方法＆期間

開封前は常温で約1年、開封後は冷蔵庫で保存し、なるべく早めに食べきる。

作り方

1 梨は洗って水気をタオルでふき取り、皮をむき、ヘタと芯を取り除き、薄切りにする。半量をフォークでつぶす。

2 鍋に❶とグラニュー糖、レモン汁を入れ、混ぜ合わせ、水分が出るまでおく。

3 強火にかける。ときどき木べらで混ぜ、アクを取り除きながら好みのとろみになるまで煮て、くるみを加える。

4 熱いうちに保存瓶の9割ぐらいまでジャムを入れ、ふたをし、冷めるまで逆さまにする。

Column

梨MEMO

和梨は90％が水分で残りはカリウムや食物繊維などを含みます。利尿作用があり、体内の余計な塩分を排出してくれるのでむくみや高血圧の改善に。また腸内環境を整え、便秘の解消にも。食後のデザートとして食されることが多いですが、ジャムや果実酒にすると長い間楽しめます。

● アレンジレシピ ●

梨ジャムひと口チーズケーキ風

ヨーグルトをコーヒーフィルター（またはざるにガーゼか丈夫なキッチンタオルを敷く）にあけ、冷蔵庫で半日から一晩おき、水気をきる。スプーンなどでひと口大に皿に盛りつけ、上に梨ジャムをかける。

梨

シナモンスティックで味に変化を
梨酒

夏から初秋にかけて出回る梨。
クセがなく、スーッとして飲みやすい果実酒です。
シナモンスティックでスパイシーな香りを
プラスしてさらにおいしく。

材料　（作りやすい分量）

梨	1～2個（正味約500g）
氷砂糖	100g
ホワイトリカー	1ℓ
シナモン（スティック）	1本

保存方法 & 期間
冷暗所で長期保存可能。

飲みごろ
ここから
2カ月

作り方

① 梨は洗って水気をタオルでふき取り、ヘタを取り、皮をむき、1cm幅の輪切りにする。

② 保存瓶に氷砂糖と①、シナモンスティックを入れ、ホワイトリカーを注ぎ入れてふたをし、約2カ月おく。

③ 2カ月後、ざるにキッチンタオルを敷いて②をこし、酒を別の保存瓶に移し替える。

←炭酸水で割って、レモンの飾り切りを添えて。

八角と白ワインが決め手
梨のコンポート

加熱してもシャキシャキとした梨ならではの食感がしっかり残っています。
八角の香りと白ワインがよくしみ込んだ大人のデザートです。
夏は冷やしていただくのがおすすめ。

材料 （作りやすい分量）

梨	2～3個（正味約800g）
白ワイン	2カップ
グラニュー糖	120g
八角	1個
黒粒こしょう	3～4粒

保存方法 & 期間
冷蔵庫で保存し、約2週間。カビが生えないように、梨、八角は煮汁にしっかり浸ける。

作り方

① 梨は洗って水気をタオルでふき取り、皮をむき、縦に4等分に切り、芯を取り除く。

② 鍋に白ワインとグラニュー糖を入れ、強火でひと煮立ちさせ、①を加え、中火にし、約5分煮て火を止め、そのまま冷ます。

③ 保存瓶に煮汁ごと入れて八角と黒粒こしょうを加える。

洋梨

まったりとした甘味
洋梨ジャム

和梨に比べると旬が長い洋梨は種類も豊富です。
やわらかな食感と、とろけるような味わい。
濃厚な香りと上品な甘味で
大事にじっくりと楽しみたいジャムです。

旬のカレンダー
9〜11月

果物メモ
バラ科ナシ属。和梨同様、種類が豊富です。煮てもなめらかな舌触りが残るのでジャム向いています。ただ、ジャムにする場合、煮すぎると香りが飛んでしまうので気をつけましょう。

材料（作りやすい分量）

洋梨	2個（正味約500g）
グラニュー糖	200g（果実の分量の40%）
レモン汁	大さじ1〜2

保存方法 & 期間
開封前は常温で約1年、開封後は冷蔵庫で保存し、なるべく早めに食べきる。

作り方

1 洋梨は洗って水気をタオルでふき取り、ヘタと芯を取り除く。皮をむき、ざく切りにする。

2 鍋に❶とグラニュー糖、レモン汁を入れ、混ぜ合わせ、水分が出るまでおく。

3 強火にかける。ときどき木べらで混ぜ、アクを取り除きながら好みのとろみになるまで煮る。

4 熱いうちに保存瓶の9割ぐらいまでジャムを入れ、ふたをし、冷めるまで逆さまにする。

Column

洋梨 MEMO
その名の通り、ヨーロッパで親しまれている果物で、その形は"女神の乳房"ともいわれるとか。日本で一般的な品種はラ・フランス。果汁が多く、糖度も高く、ほかの洋梨に比べてしっとりとした食感で人気があります。水分は和梨よりも少なく約80%。体内の糖質の代謝を助けてエネルギーを作り出すビタミンB₁が豊富で、疲労回復効果も。

• アレンジレシピ •

洋梨ジャム入り揚げパン

サンドイッチ用の食パンの中央に洋梨ジャムをのせ、縁に水溶き小麦粉を塗る。もう1枚の食パンをかぶせ、フォークを強く押しつけるようにして2枚のパンの縁同士をくっつける。溶き卵をからめてパン粉をまぶし、180℃の油で色よく揚げる。

洋梨

香りのよさを楽しむ
洋梨酒

夏から秋にかけて出回る梨。
香りが高い飲みやすい果実酒です。
淡いピンクもかわいらしい。
シンプルな飲み方で洋梨の風味を楽しんで。

材料 （作りやすい分量）

洋梨	2個（正味約500g）
氷砂糖	100g
ホワイトリカー	1ℓ

保存方法 & 期間
冷暗所で長期保存可能。

飲みごろ
ここから2カ月

作り方

1 洋梨は洗って水気をタオルでふき取り、ヘタと芯を取り除く。皮をむき、縦に6〜8等分に切る。

2 保存瓶に氷砂糖と❶を入れ、ホワイトリカーを注ぎ入れてふたをし、約2カ月おく。

3 2カ月後、ざるにキッチンタオルを敷いて❷をこし、酒を別の保存瓶に移し替える。

形も美しく、上品な味わい
洋梨のコンポート

口の中にふんわりと広がる優雅な甘味が極上のスイーツ。冷やして食べたり、温めてアイスクリームを添えたり、スライスしてタルトやクラフティにしたりといただき方も工夫次第でさまざま。

材料　（作りやすい分量）

洋梨	3個（正味約750g）
白ワイン	2カップ
グラニュー糖	120g
クローブ	1粒
黒粒こしょう	3〜4粒

保存方法 & 期間
冷蔵庫で保存し、約2週間。カビが生えないように、洋梨は煮汁にしっかり浸ける。

作り方

1 洋梨は洗って水気をタオルでふき取り、縦半分に切り、皮をむき、スプーンで芯をくり抜く。

2 鍋に白ワインとグラニュー糖、クローブ、粒こしょうを入れ、中火でひと煮立させ、❶を加え、約5分煮る。火を止め、そのまま冷ます。

3 保存瓶に汁ごと入れる。

いちじく

まろやかな口当たり
いちじくジャム

まろやかな甘味と口当たりが美味ですが、加熱するとよりいっそうおいしくなります。ブルーチーズや生ハムと組み合わせると大人のおつまみに変身します。

旬のカレンダー
8〜11月

果物メモ
クワ科イチジク属。ペクチンが豊富でジャムにむいています。ただ、酸味が少ないのでレモン汁で調節しましょう。

ブルーチーズと合わせてカナッペに。

材料（作りやすい分量）

いちじく	8個（正味約500g）
グラニュー糖	200g（果実の分量の40%）
レモン汁	大さじ1
八角	1個

保存方法 & 期間
開封前は常温で約1年、開封後は冷蔵庫で保存し、なるべく早めに食べきる。

作り方

1. いちじくは洗って水気をタオルでふき取り、皮をむき、ざく切りにする。皮はレモン汁をまぶす。

2. 鍋に❶とグラニュー糖を入れ、混ぜ合わせ、水分が出るまでおく。

3. 皮はお茶パックなどに入れて煮汁に漬け、強火にかける。ときどき木べらで混ぜ、アクを取り除きながら好みのとろみになるまで煮る。

4. 熱いうちに保存瓶の9割ぐらいまでジャムを入れ、香りづけと防腐効果に八角を加えてふたをし、冷めるまで逆さまにする。

Point
八角はジャムが冷めてから入れても。切ると香りが強くなりすぎるので気をつけて。

不老長寿のお酒!?
いちじく酒

"不老長寿の果物"といわれるいちじくはカリウムが豊富で、血圧を下げる効果も。ストレートやロックなどシンプルな飲み方がおすすめ。

材料 （作りやすい分量）

いちじく	8個（正味約500g）
氷砂糖	100g
ホワイトリカー	1ℓ
レモン（半月切り）	2枚

保存方法 & 期間
冷暗所で長期保存可能。

飲みごろ
ここから2カ月

作り方

1 いちじくは洗って水気をタオルでふき取り、皮つきのまま1cm幅の輪切りにする。

2 保存瓶に氷砂糖と❶、レモンを入れ、ホワイトリカーを注ぎ入れてふたをし、約2カ月おく。

3 2カ月後、ざるにキッチンタオルを敷いて❷をこし、酒を別の保存瓶に移し替える。

ざくろ

疲労回復にもいい
ざくろ酒

女性の美容や健康にいいといわれるざくろ。美しい薄紅色と上品な香りのお酒になります。好みのフルーツを加えて炭酸水と割ってカクテルにしてもおいしくいただけます。

旬のカレンダー
9〜11月

果物メモ
ザクロ科ザクロ属。種が多いのでジャムよりもシロップや果実酒がおすすめです。シロップは「グレナデンシロップ」といわれ、カクテルの色づけにも使います。

飲みごろ
ここから2カ月

材料（作りやすい分量）

ざくろ	2個（正味約300g）
氷砂糖	60g
ホワイトリカー	600mℓ

保存方法 & 期間
冷暗所で長期保存可能。

作り方

1 ざくろはさっと洗って手で割り、実をほぐしながらボウルに入れ、果汁を出しやすくするために、フォークで軽くつぶす。

2 保存瓶に氷砂糖と❶を入れ、ホワイトリカーを注ぎ入れてふたをし、約2カ月おく。

3 2カ月後、ざるにキッチンタオルを敷いて❷をこし、酒を別の保存瓶に移し替える。

ブルーベリー、ラズベリーを浮かべて炭酸割りに。

Point
- 酒に漬けた実は、木べらで果肉をつぶしながらこすとよい。
- あれば金木犀の花を加えると香りがよくなります。

酸味が強いので砂糖を多めに
ざくろシロップ

輸入品は適度な酸味と甘味があり、
国産は酸味が強いのが特徴です。
酸っぱいものが苦手な人は砂糖を多めに入れて。
アイスやかき氷にかけても。

材料 （作りやすい分量）

ざくろ	2個（正味約300g）
グラニュー糖	200g
水	100mℓ
レモン汁	大さじ2

保存方法 & 期間
冷蔵庫で保存し、なるべく早く使いきる。

作り方

1. 鍋にグラニュー糖と水、レモン汁を入れ、中火で砂糖を煮溶かし、沸騰させる。シロップができたら、粗熱を取る。

2. ざくろはさっと洗って手で割り、実をほぐしながらボウルに入れ、果汁を出しやすくするために、フォークで軽くつぶす。

3. 保存瓶に❷を入れ、❶のシロップを注ぎ入れてふたをし、冷蔵庫で約1週間おく。1週間後、ざるでこし、シロップを別の保存瓶に移し替える。

炭酸水で割ってさわやかに。

かりん

喉にもよく、冬におすすめ
かりんジャム

冬の到来を感じさせるかりん。
半日から一晩おいて
煮汁が自然に落ちるのを待ちます。
時間をかけ、煮汁だけで作った
サラッとしたジャム。

旬のカレンダー
10〜11月
果物メモ
バラ科ボケ属。かりんジャムを作る場合はしっかりと煮て渋味を取り除きましょう。果肉がかたいので果実酒にむいています。

材料 （作りやすい分量）

かりん	2個（約600g）
水	1.2ℓ
グラニュー糖	煮汁の40%
レモン汁	
	小さじ1〜（酸味によって調整）

保存方法 & 期間
開封前は常温で約1年、開封後は冷蔵庫で保存し、なるべく早めに食べきる。

作り方

① かりんは洗って水気をタオルでふき取り、5mm幅の輪切りにしたあと、ざく切りにする。

② 鍋に①と水を入れ、強火でひと煮立ちさせ、弱火にして30〜40分煮る。

③ ざるにガーゼを敷いて②をあけ、煮汁が自然に落ちるのを待つ。手で絞ると濁るので注意。半日から一晩おく。

④ ③の煮汁を量り、その40%のグラニュー糖とレモン汁を加えて20〜40分ほど煮詰める。

⑤ 熱いうちに保存瓶の9割ぐらいまでジャムを入れ、ふたをし、冷めるまで逆さまにする。

薬用成分もある
かりん酒

ふくよかな香りとわずかに残る渋味、酸味。
落ち着いた琥珀色の格調高い果実酒です。
はちみつをプラスするとさらに飲みやすくなり、
お湯で割ると体の中から温まります。

材料 （作りやすい分量）

かりん	2個（約600g）
氷砂糖	100g
ホワイトリカー	1ℓ
レモン（輪切り）	1個分

保存方法 & 期間
冷暗所で長期保存可能。

飲みごろ
ここから2カ月

作り方

1 かりんは洗って水気をタオルでふき取り、1cm幅の輪切りにする。

2 保存瓶に氷砂糖と❶、レモンを入れ、ホワイトリカーを注ぎ入れてふたをし、約2カ月おく。

3 2カ月後、ざるにキッチンタオルを敷いて❷をこし、酒を別の保存瓶に移し替える。

はちみつを添えて。のどにもいい。

くり

旬のカレンダー
9〜10月

果物メモ
ブナ科クリ属。ほどよい甘味とほっくりした食感はジャムにするとさらにおいしくなります。くりの存在感を味わいたいなら甘露煮がおすすめ。

濃厚な味わい
くりジャム

トースト以外にもクラッカーにのせると洋菓子風に。
ココナッツミルクや生クリームを混ぜていただくと
また違ったおしゃれな味に。

材料（作りやすい分量）

くり	500g（正味350g）
三温糖	140g〜（果実の分量の40%）
水	2カップ
ブランデー	大さじ1

保存方法 & 期間
開封前は常温で約1年、開封後は冷蔵庫で保存し、なるべく早めに食べきる。

作り方

① くりはさっと洗って皮のまま熱湯で約30分ゆで、火を止め、ふたをし、約10分おく。

② 半分に切り、スプーンで中身をくり抜く。重さを計り、その40%の三温糖を用意する。

③ 鍋に②と三温糖、水を入れ、弱火にかけ、混ぜ合わせる。アクを取り除きながら、くりが煮溶け、好みのとろみになるまで煮て、ブランデーを加え混ぜる。熱いうちに保存瓶の9割ぐらいまでジャムを入れ、ふたをし、冷めるまで逆さにする。

Point
くりがなかなか煮溶けない場合、フードプロセッサーやミキサーでなめらかになるまで攪拌して。

ホクッとした口当たり
くりの甘露煮

ツヤツヤ、コロンとかわいらしい自家製の甘露煮。
和洋問わず、お菓子に使ったり、おこわに入れたり、
食べ方や楽しみ方もいっぱい！

材料 （作りやすい分量）

くり	500g（正味340g）
グラニュー糖	240g

保存方法 & 期間

冷蔵庫に保存し、約6カ月。カビが生えないように、くりは煮汁にしっかり浸ける。

作り方

1 くりはさっと洗って、皮がやわらかくなるまで熱湯に一晩浸け、包丁で外皮と渋皮をむく。

2 鍋に❶とグラニュー糖半量を入れ、全体がかぶるぐらいの水を注ぎ入れ（分量外）、弱火で約10分煮崩れないように煮る。火を止め、そのまま一晩おく。

3 残りのグラニュー糖を入れ、弱火で10～15分煮る。

みかん

ジューシーな冬のジャム
みかんジャム

冬の定番フルーツのひとつ、みかん。
酸味と甘味のバランスがよく、フレッシュ感がある
やさしい味わいになります。
ビタミンCたっぷりでカゼの予防にも。

旬のカレンダー
11〜12月

果物メモ
ミカン科ミカン属。ほどよい水分でジャムにむいています。すっきり仕上げたい場合はレモン汁で調節しましょう。

材料　（作りやすい分量）

みかん	3個（正味約300g）
グラニュー糖	150g〜（果実の分量の50%〜）
レモン汁	大さじ2〜（酸味によって調整）

保存方法 & 期間
開封前は常温で約1年、開封後は冷蔵庫で保存し、なるべく早めに食べきる。

作り方

1 みかんは洗って皮をむき、ざく切りにし、フードプロセッサーかミキサーでなめらかになるまで撹拌する。

2 鍋に①のみかんとグラニュー糖、レモン汁を入れ、強火にかける。ときどき木べらで混ぜ、アクを取り除きながら好みのとろみになるまで煮る。

3 熱いうちに保存瓶の9割ぐらいまでジャムを入れ、ふたをして冷めるまで逆さまにする。

干した皮も一緒に漬けて
みかん酒

薄い黄金色の見た目にも上品な果実酒。
牛乳で割るとマイルドになり、ホイップクリームを添えると
デザートのような一杯になります。甘い香りも一緒に楽しんで。

飲みごろ
ここから
2カ月

材料　（作りやすい分量）

みかん	5個（正味約500g）
みかんの皮	1個分
氷砂糖	100g
ホワイトリカー	1ℓ

保存方法 & 期間
冷暗所で長期保存可能。

作り方

① みかんはさっと洗って水気をきり、皮をむき、盆ざるに広げ、風通しのよいところで乾くまで、途中、表裏を返しながら干す。

② 果肉は3〜4等分の輪切りにする。

③ 保存瓶に氷砂糖と①の皮と②のみかんを入れ、ホワイトリカーを注ぎ入れてふたをし、約2カ月おく。

④ 2カ月後、ざるにキッチンタオルを敷いて③をこし、酒を別の保存瓶に移し替える。

やさしい味わいのミルク割り。→

みかん

懐かしい甘さ
みかんのコンポート

ひと房、ひと房にシロップがしみ込んで
ジュワッとうま味が広がります。
冷やすとさらにおいしい！
ケーキのトッピングにもおすすめです。

材料 （作りやすい分量）

みかん	3個（正味約300g）
水	4カップ
重曹	小さじ1
水	½カップ
グラニュー糖	80g〜（酸味によって調整）
レモン汁	小さじ2〜大さじ1

保存方法 & 期間

冷蔵庫で保存し、約2週間。カビが生えないように、みかんはシロップにしっかり浸ける。

Point

- 重曹水にみかんをひたすと、薄皮がはがしやすくなる。薄皮のかたさによって重曹水にさらす時間を調節して。一度に入れるとよくさらせないので、分けて入れます。
- みかんの甘味や酸味によってグラニュー糖とレモン汁の量は調節して。

作り方

1 鍋に水½カップとグラニュー糖を入れ、中火で煮溶かし、火を止め、レモン汁を加えて冷ます。みかんはさっと洗って水気をきり、皮をむき、ひと房に分ける。

2 １とは別の鍋に水4カップを入れ、沸かして重曹を加え、軽くかき混ぜる。①のみかんを半量〜⅓量ぐらいずつざるに入れ、30秒〜1分浸け（Ⓐ）、氷水に取り、果肉が崩れないようにやさしく薄皮や筋を取り除く（Ⓑ）。

3 保存瓶に②のみかんを静かに入れ、①のシロップを注ぎ入れる。すぐにでも食べられるが、半日くらいおいたほうがおいしい。

ゆず

皮ごと使って苦味を楽しむ
ゆずジャム

豊かな香りが身上のゆず。
皮ごと使って少し苦味のあるシャープな味に。
パンに塗る以外にもホットティーに入れたり、
クッキーに添えて楽しむのも一興です。

旬のカレンダー
12〜1月（黄ゆず）

果物メモ
ミカン科ミカン属。夏に未熟な実を収穫したものが青ゆず。黄ゆずは青ゆずが成熟し、11月下旬ごろに収穫されたもの。青ゆずは、黄ゆずに比べるとさわやかな風味。黄ゆずは丸みのある味です。

材料（作りやすい分量）

ゆず	5個（皮250g）
ゆずの絞り汁	5個分
水　ゆずの絞り汁と合わせて2カップ	
りんご（小）	1個（正味約100g）
グラニュー糖　360g〜（酸味によって調整）	

保存方法 & 期間
開封前は常温で約1年、開封後は冷蔵庫で保存し、なるべく早めに食べきる。

作り方

1 ゆずは洗って水気をタオルでふき取り、横半分に切って果汁を絞る。皮は実や薄皮、筋を取り除き、細かく刻む。りんごは洗って水気をタオルでふき取り、皮をむき、ヘタと芯を取り除いて細かく刻む。

2 鍋に❶のゆずの皮とりんご、ゆずの絞り汁と水、グラニュー糖を入れて強火にかける。アクを取り除きながらゆずの皮がやわらかくなり、りんごが煮溶けて好みのとろみになるまで煮る。途中、水が足りなくなったら適量足す。

3 熱いうちに保存瓶の9割ぐらいまでジャムを入れ、ふたをし、冷めるまで逆さまにする。

Point
ゆず単体ではジャムにするためのペクチンの量が足りないので、ペクチンが豊富なりんごを入れてとろみを出します。

Column
ゆずMEMO
冬至は二十四節気のひとつ。日本では冬至にゆず湯に入る習慣がありますが、これは湯に浸かって病を治す「湯治」にかけているそうです。ほかに、運を呼び込む儀式の前に体を清めるためという説もあります。ゆずに含まれるビタミンCが肌の保水性を高め、さわやかな香りがリラックス効果を発揮します。

• アレンジレシピ •
ゆずジャムトリュフチョコレート
チョコレート100gを刻んで耐熱ボウルに入れ、牛乳大さじ2を加え混ぜ合わせる。電子レンジで約1分くらいずつ、数回チョコレートを加熱し、溶かす。ゆずジャム30gを加え、混ぜ合わせ、バター5gを入れてさらに混ぜ合わせる。ひと口大に丸めてラップをし、冷蔵庫で冷やし固める。仕上げにココアパウダーをまぶす。

ゆず

はちみつをプラスして
ゆず酒

さわやかな香りで、味わいはちょっとビター。
はちみつを加え、甘くしても美味。
夏は炭酸水で割ってすっきりと、冬はお湯で割ってホットで。
疲労回復やカゼ予防にも効果があります。

材料（作りやすい分量）

ゆず	5〜6個（約500g）
氷砂糖	200g
ホワイトリカー	1ℓ

保存方法＆期間
冷暗所で長期保存可能。

炭酸水で割ってさらにすっきりと。

飲みごろ
ここから
2カ月

作り方

1 ゆずはヘタを取り除き、洗って水気をタオルでふき取り、1.5cm幅の輪切りにする。

2 保存瓶に❶と氷砂糖、ホワイトリカーを注ぎ入れてふたをし、約2カ月おく。

3 2カ月後、ざるにキッチンタオルを敷いて❷をこし、酒を別の保存瓶に移し替える。

ゆずの香りが際立つ
ゆずシロップ

そのままカルパッチョにかけたり、
みそと合わせてゆず風味のみそダレにも。
シチューなどの煮込み料理の隠し味に入れるなど意外な使い方も。
少し多めに作っておくと便利です。

材料 （作りやすい分量）

ゆず	3〜4個（約300g）
水	1カップ
グラニュー糖	250g

保存方法 & 期間
冷蔵庫で保存し、なるべく早く使いきる。

作り方

① ゆずは洗って水気をタオルでふき取り、3〜4mm幅の輪切りにする。

② 鍋に水とグラニュー糖を入れ、中火で煮溶かし、沸騰させる。シロップができたら、粗熱を取る。

③ 保存瓶に①を入れ、②を注ぎ入れ4〜5日おく。その後、ざるでこし、シロップを別の保存瓶に移し替える。

ヨーグルトに混ぜて、ナッツをトッピング。

レモン

リラックス効果も期待できる

レモン酒

レモンは消化・吸収をよくする働きがあるので
食後のデザート酒としてもおすすめ。
さわやかな香りで、1日の疲れを癒すリラックスタイムにもピッタリ！

旬のカレンダー
10〜12月
果物メモ
ミカン科ミカン属。酸味がとても強いので、ジャムよりも果実酒やレモンカードにするのがおすすめ。

材料 （作りやすい分量）

レモン	5個（約500g）
氷砂糖	150g
ウオッカ	750mℓ

保存方法 & 期間
冷暗所で長期保存可能。

飲みごろ
**ここから
2カ月**

作り方

1 鍋に湯を沸かし、レモンを丸ごと入れ、菜箸などで全体をクルクル回しながら、2〜3分ゆで、冷水に取る。

2 皮をらせん状にむき、内側のワタを削ぎ取り（Ⓐ）、適当な長さに切る（Ⓑ）。果肉は回りのワタを取り除いて薄い輪切りにする。

3 保存瓶に❷の果肉とレモンの皮、氷砂糖を入れ、ウオッカを注ぎ入れてふたをし、約1週間おく。

4 1週間後、皮だけを取り出し、さらに2カ月おき、ざるにキッチンタオルを敷いて酒をこし、別の保存瓶に移し替える。

Point
皮を入れた場合は、苦味が出すぎないように様子を見て早めに皮だけ取り出して。苦味が苦手な人は皮を入れずに作りましょう。

←炭酸水で割って、レモンの輪切りを添えて。

クラッカーと一緒に。

イギリスの伝統レシピ
レモンカード

イギリスの伝統料理のひとつでさっぱりしたレモン味のカスタードクリームのようなもの。レモンパイにしたり、トーストやクラッカーに塗ったり、アフタヌーンティーのお供にどうぞ。

材料（作りやすい分量）

レモン汁		100mℓ（2〜3個分）
レモンの皮のすりおろし		1個分
バター（食塩不使用）		100g
A	グラニュー糖	100g
	はちみつ	50g
	溶き卵	2個分

保存方法 & 期間
開封前は常温で約1年、開封後は冷蔵庫で保存し、なるべく早めに食べきる。

作り方

1 鍋に1cm角に切ったバター、レモン汁、レモンの皮のすりおろしを入れ、Aを加え、よく混ぜ合わせる。

2 中火にかけ、絶えず木べらで混ぜ合わせながら10分ほど煮るととろみがつく。混ぜたときに一瞬、鍋底が見えるぐらいが目安。

3 熱いうちに保存瓶の9割ぐらいまでレモンカードを入れ、ふたをし、冷めるまで逆さまにする。

人気の調味料
塩レモン

レモンを塩漬けにして発酵させたもので、
苦味が抑えられ、さわやかな香りがアップ！
マリネに使ったり、サラダにかけたり、
ドレッシングに加えると風味が増し、塩分も控えめに。

材料　（作りやすい分量）

レモン	5個（約500g）
レモン汁	1個分
粗塩	50g

保存方法＆期間
冷暗所で長期保存可能。

作り方

① 鍋に湯を沸かし、レモンを丸ごと入れ、菜箸などで全体をクルクル回しながら2〜3分ゆで、冷水に取る。タオルで水気をふき取る。

② 皮つきのまま薄い輪切りにする。

③ 味が均等になるように両面に塩を薄くまぶしながら、保存瓶に塩、レモンの順に交互に入れる。レモン汁を加え、ふたをして1カ月おく。ときどき瓶をゆする。塩が溶けてレモンとなじめばでき上がり。

Point
- 皮ごと使うので、できればオーガニックのレモンを。
- 塩はレモンの重さの10％が目安です。

きんかん

きんかんを丸ごと使った

きんかんの
マーマレード

レモン汁を入れると香りとおいしさが際立ちます。
ポテッとした果肉と細切りにした皮の
ほどよいバランスがおいしい！冬ならではのジャムです。

旬のカレンダー	
1〜3月	

果物メモ

ミカン科キンカン属。甘味と酸味のバランスがよく、風味もいいきんかん。柑橘類の中でも珍しく、皮ごと食べられ、実よりも皮に栄養素が多く含まれています。ジャムや果実酒、コンポートも皮ごと使いましょう。

材料（作りやすい分量）

きんかん	25個（約500g）
水	2カップ
グラニュー糖	200g（果実の分量の40％）
レモン汁	大さじ2〜（酸味によって調整）

保存方法 & 期間

開封前は常温で約1年、開封後は冷蔵庫で保存し、なるべく早めに食べきる。

作り方

① きんかんは竹串でヘタを取り除き、洗ってタオルで水気をふき、横半分に切る。ティースプーンなどで中をくり抜く。くり抜いた実と種は取っておく。

② 鍋にたっぷり湯（分量外）を沸かし、①の外皮を一度ゆでこぼし、細切りにする。

③ 鍋に水と①の実と種を入れ、中火で薄皮が煮溶けるまで煮る。ざるにあげ、ゴムベラで十分にこす。

④ ③の鍋をさっと洗い、②と③でこしたもの、グラニュー糖、レモン汁を入れ、強火にかける。ときどき木べらで混ぜ、アクを取り除きながら皮が好みのかたさになるまで煮る。様子を見て必要なら水を足す。

⑤ 熱いうちに保存瓶の9割ぐらいまでマーマレードを入れ、ふたをし、冷めるまで逆さまにする。

冬の果実酒といえば
きんかん酒

豊かな香りとさわやかな風味は冬の果実酒の中でも絶品。
皮ごと漬けるとビタミンCやカルシウムも摂れ、
体の中から元気になります。
ホワイトリカーの代わりにブランデーを使っても。

飲みごろ
ここから
2カ月

材料 （作りやすい分量）

きんかん	25個（約500g）
氷砂糖	200g
ホワイトリカー	1ℓ
黒粒こしょう	5〜6粒

保存方法 & 期間
冷暗所で長期保存可能。

作り方

1 きんかんは竹串でヘタを取り除き、洗ってタオルで水気をふき取り、表面に竹串を刺し、数カ所穴をあける。3等分の輪切りにしてもよい。

2 保存瓶に❶と氷砂糖、黒粒こしょう、ホワイトリカーを注ぎ入れ、ふたをして約2カ月おく。

3 2カ月後、ざるにキッチンタオルを敷いて❷をこし、酒を別の保存瓶に移し替える。

かわいらしい形がおもてなしにも
きんかんのコンポート

コロコロッと愛らしいコンポートは
おもてなしのデザートにもちょうどいい。
ティータイムの会話も弾みます。
ひとつ食べるごとに香りが広がり、幸せな気持ちに。

Column
きんかん MEMO
おいしいきんかんの見分け方は、ヘタが緑で切り口がみずみずしいもの、香りがよく、重量感があり、表面に張りがあって濃い色のものが新鮮です。低温で保存すると水分が抜けてしまうので気をつけましょう。

材料（作りやすい分量）

きんかん	20個（約400g）
グラニュー糖	400g
水	1カップ

保存方法＆期間
冷蔵庫で保存し、約2週間。カビが生えないように、きんかんは煮汁にしっかり浸ける。

作り方

① きんかんは竹串でヘタを取り除き、洗って竹串で表面にまんべんなく穴をあける。

② 鍋にたっぷり湯（分量外）を沸かし、①を入れ、ゆでこぼす。

③ ②の鍋をさっと洗い、②を戻し入れる。水とグラニュー糖の半量を入れ、落としぶたをして弱火で約30分煮る。残りのグラニュー糖を入れ、溶けたら火を止める。きんかんに透明感が出ればでき上がり。

④ 保存瓶に煮汁ごと入れる。

キウイ

ヨーグルトのトッピングに。

旬のカレンダー
12〜4月

果物メモ
マタタビ科マタタビ属。適度な酸味があり、食物繊維も豊富。少しかたいほうがペクチンが多く、ジャムにむいています。グリーンとゴールドがあります。

ヨーグルトと相性ぴったり
キウイジャム

ほどよい酸味が魅力。
種のツブツブが愛らしく、
見た目にも楽しめるジャムは
ヨーグルトにかけて
朝食の一品としてもぴったり！
ゴールドキウイで作ってもOK。

材料 （作りやすい分量）

キウイ（グリーン）	5個 （正味約400g）
グラニュー糖	160g （果実の分量の40%）
レモン汁	小さじ1〜 （酸味によって調整）

保存方法＆期間
開封前は常温で約1年、開封後は冷蔵庫で保存し、なるべく早めに食べきる。

作り方

① キウイは洗って水気をきり、皮をむき、粗みじん切りにする。

② 鍋に①とグラニュー糖、レモン汁を入れ、混ぜ合わせ、水気が出るまでおく。

③ 強火にかける。ときどき木べらで混ぜ、アクを取り除きながら好みのとろみになるまで煮る。

④ 熱いうちに保存瓶の9割ぐらいまでジャムを入れ、ふたをし、冷めるまで逆さまにする。

Point
キウイの熟し具合により、酸味が強ければグラニュー糖を増やしましょう。

ビタミンCがいっぱい！
キウイ酒

甘味と酸味のバランスがよく、さわやかな味。
炭酸水で割るとさっぱり感が増し、夏におすすめの果実酒です。
オールスパイスを加えて香りをアップ！

材料 （作りやすい分量）

キウイ（ゴールド）	4〜5個（正味約400g）
氷砂糖	100g
ホワイトリカー	1ℓ
オールスパイス	少々

飲みごろ
ここから
2カ月

Point
オールスパイスはフトモモ科の常緑樹。シナモン、ナツメグ、クローブを合わせたような匂いがあることから、この名がついたといわれています。

保存方法 & 期間
冷暗所で長期保存可能。

作り方

① キウイは洗って水気をきり、皮をむき、縦に4等分に切る。

② 保存瓶に氷砂糖と①、オールスパイスをすりおろして入れ、ホワイトリカーを注ぎ入れてふたをし、約2カ月おく。

③ 2カ月後、ざるにキッチンタオルを敷いて②をこし、酒を別の保存瓶に移し替える。

サイコロ状に切ったキウイを入れて。→

グレープフルーツ

ピンクグレープフルーツで作る
グレープフルーツ ジャム

ホワイトグレープフルーツに比べて酸味や苦味が少なく、コクがあり、ジャムにむいています。
さわやかな風味の中にほんのり香る甘味が上品です。

旬のカレンダー
通年
果物メモ
ミカン科ミカン属。ほぼ輸入品。ピンクは「ピンクグレープフルーツ」といわれる品種で赤味を帯びた果肉はホワイトグレープフルーツよりも酸味が弱く、まろやかな甘味。よく目にするのが「ホワイトグレープフルーツ」と呼ばれる品種。果肉は薄い黄色で果汁が多く、爽快な甘酸っぱさとほろ苦さがあります。

材料　（作りやすい分量）

グレープフルーツ（ピンク）	2～3個（正味約500g）
グラニュー糖	200g（果実の分量の40%）
レモン汁	大さじ2

保存方法 & 期間
開封前は常温で約1年、開封後は冷蔵庫で保存し、なるべく早めに食べきる。

作り方

① グレープフルーツは洗って水気をきり、皮と薄皮をむく。

② 鍋に①の果肉とグラニュー糖を入れ、水分が出るまでおく。

③ レモン汁を加え、強火にかける。ときどき木べらで混ぜ、アクを取り除きながら好みのとろみになるまで煮る。

④ 熱いうちに保存瓶の9割ぐらいまでジャムを入れ、ふたをし、冷めるまで逆さまにする。

ほろ苦さが大人の味
グレープフルーツ酒

こんなに香りが強いのかと驚かされるほど。
ほんの少しのほろ苦さがアクセントになった大人の果実酒。
ソーダで割るとフレッシュ感がさらにアップ。

材料　（作りやすい分量）

グレープフルーツ（ホワイト）	
	2～3個（正味500g）
氷砂糖	100g
ウオッカ	750mℓ

保存方法＆期間
冷暗所で長期保存可能。

飲みごろ
ここから
2カ月

作り方

① グレープフルーツは洗って水気をきり、皮と薄皮をむく。

② 保存瓶に氷砂糖と①の果肉を入れ、ウオッカを注ぎ入れてふたをし、約2カ月おく。

③ 2カ月後、ざるにキッチンタオルを敷いて②をこし、酒を別の保存瓶に移し替える。

バナナ

まったりとしておいしい
バナナジャム

1年を通して手軽に楽しめるバナナ。
扱いやすいのもいいところ。
食べ頃を逃してしまったバナナもジャムにすれば
最後までおいしくいただけます。

旬のカレンダー
通年

果物メモ
バショウ科バショウ属。食物繊維が豊富で消化を促進。加熱すると甘味が増すのでジャムにむいています。果実酒にしても◎。

材料 （作りやすい分量）
バナナ	5本（正味約500g）
グラニュー糖	150g（果実の分量の30%）
水	250mℓ
レモン汁	大さじ1〜2

保存方法＆期間
開封前は常温で約1年、開封後は冷蔵庫で保存し、なるべく早めに食べきる。

作り方

① バナナは皮をむき、筋を取り除いて薄切りにする。

② 鍋に❶とグラニュー糖、水、レモン汁を入れ、強火にかける。木べらでバナナをつぶしながら、アクを取り除き、好みのとろみになるまで煮る。

③ 熱いうちに保存瓶の9割ぐらいまでジャムを入れ、ふたをし、冷めるまで逆さまにする。

みんな大好き！
チョコバナナジャム

チョコとバナナの相性のよさを生かしました。
みんなが大好きな味のジャムです。
クレープやタルトの具に使ったり、
ココアパウダーをふると香りがアップ！

材料　（作りやすい分量）

バナナ	5本（正味約500g）
チョコレート（好みの板チョコ）	100g
グラニュー糖	150g（果実の分量の30％）
水	250㎖

保存方法 & 期間
開封前は常温で約1年、開封後は冷蔵庫で保存し、なるべく早めに食べきる。

作り方

① バナナは皮をむき、筋を取り除いて薄切りにする。

② 鍋に❶とグラニュー糖、水を入れ、強火にかける。木べらでバナナをつぶしながら、アクを取り除き、好みのとろみになるまで煮る。

③ チョコレートを細かく割りながら加え、混ぜ合わせながら溶かす。

④ 熱いうちに保存瓶の9割ぐらいまでジャムを入れ、ふたをし、冷めるまで逆さまにする。

バナナ

バナナのうま味が溶け出した
バナナ酒

よく熟成されたお酒はロックで飲むのがおすすめ。
バナナとバニラビーンズの相性もよく、
濃厚な味わいと甘い香りが同時に楽しめます。
デザート感覚でいただける一杯。

飲みごろ
ここから
2カ月

材料 （作りやすい分量）

バナナ	5本（正味約500g）
氷砂糖	200g
ホワイトリカー	1ℓ
バニラビーンズ	1本

保存方法 & 期間
冷暗所で長期保存可能。

作り方

1 バナナは皮をむき、筋を取り除いて2〜3cm幅の輪切りにする。

2 保存瓶に氷砂糖と❶を入れ、ホワイトリカーを注ぎ入れて包丁で開いたバニラビーンズを加え、ふたをして約2カ月おく。

3 2カ月後、ざるにキッチンタオルを敷いて❷をこし、酒を別の保存瓶に移し替える。

牛乳で割ってカルアミルク風に
バナナコーヒー酒

バナナの甘味にコーヒーの風味がほどよくブレンドされ、バナナ酒とは違うビターな味が楽しめます。
牛乳かココナッツミルクで割るとやさしい味に。
バニラアイスにかけてもおいしい！

飲みごろ
ここから
2カ月

材料（作りやすい分量）

バナナ	5本（正味約500g）
氷砂糖	200g
ホワイトリカー	1ℓ
コーヒー豆（浅煎り）	50g

保存方法 & 期間
冷暗所で長期保存可能。

作り方

1 バナナは皮をむき、筋を取り除いて2〜3cm幅の輪切りにする。

2 保存瓶に氷砂糖と①を入れ、ホワイトリカーを注ぎ入れてコーヒー豆を加え、ふたをして約2カ月おく。

3 2カ月後、ざるにキッチンタオルを敷いて②をこし、酒を別の保存瓶に移し替える。

Point
コーヒー豆は深煎りだと脂肪分が出てくるので浅煎りのものを。

牛乳と割ってカルーアミルク風に。

トマト

野菜のジャムなら
トマトジャム

トマトのうま味がギュッと詰まった甘酸っぱさが美味。パンやマフィンに塗るだけでなく、ドレッシングやサラダ、肉料理のトッピングなどアイディア次第でさまざまに。

旬のカレンダー
6～9月

果物メモ
ナス科トマト属。ジャムにするなら種類は問いませんが、完熟トマトのほうがむいています。黄色、オレンジといったカラートマトで作るのも色がきれいでおすすめ。

材料（作りやすい分量）
トマト（完熟）	3～4個（正味約500g）
グラニュー糖	200g（野菜の分量の約40％）
レモン汁	大さじ3

保存方法 & 期間
開封前は常温で約1年、開封後は冷蔵庫で保存し、なるべく早めに食べきる。

作り方

1 トマトはヘタを取り除き、湯むきをする。表面に浅く十字に切り込みを入れ、熱湯に入れる。皮がめくれたら冷水に取り、皮をむいてざく切りにする。

2 鍋に❶とグラニュー糖、レモン汁を入れ、混ぜ合わせ、水分が出るまでおく。

3 強火にかける。ひと煮立ちしたら弱火にし、アクを取り除きながら好みのとろみになるまで煮る。

4 熱いうちに保存瓶の9割ぐらいまでジャムを入れ、ふたをして冷めるまで逆さまにする。

フルーティーな風味
黄色のミニトマトジャム

りんごを入れてペクチンと甘さをプラス。色鮮やかな仕上がり。

材料（作りやすい分量）
ミニトマト（黄色）	20個（約300g）
りんご	1個（約250g）
A グラニュー糖	270g（野菜と果実の分量の約45％）
レモン汁	大さじ1～（酸味によって調整）
クローブ	1～2個

保存方法 & 期間
開封前は常温で約1年、開封後は冷蔵庫で保存し、なるべく早めに食べきる。

作り方

1 トマトは洗って水気をタオルでふき取り、ヘタを取り除き、フードプロセッサーかミキサーでなめらかになるまで攪拌する。りんごは洗って水気をきり、皮をむき、芯を取り除き、トマト同様、なめらかになるまで攪拌する。

2 鍋に❶のトマトとりんご、Aの材料をすべて入れ、水分が出るまでおく。

3 強火にかける。アクを取り除きながら好みのとろみになるまで煮る。

4 熱いうちに保存瓶の9割ぐらいまでジャムを入れ、ふたをして冷めるまで逆さまにする。

トマト

フレッシュ感いっぱい！
トマト酒

ミントのさわやかな香りとトマトのフレッシュな風味が
果物で作るお酒とはひと味違ったおいしさ。
夏は炭酸割りやオンザロックで、
トマトジュースで割ればより濃厚なブラッディマリーに。

飲みごろ
ここから
2カ月

材料（作りやすい分量）

ミニトマト	2〜3パック（約500g）
氷砂糖	100g
ウオッカ	750mℓ
ミント	½パック

保存方法＆期間
冷暗所で長期保存可能。

作り方

1 ミニトマトは洗って水気をタオルでふき取り、ヘタを取り除き、半分に切る。

2 保存瓶に氷砂糖と❶、ミントを入れ、ウオッカを注ぎ入れてふたをし、約2カ月おく。

3 2カ月後、ざるにキッチンタオルを敷いて❷をこし、酒を別の保存瓶に移し替える。

Point
ブラッディマリーは、ウオッカをベースにトマトジュースを使ったカクテル。16世紀のイングランド女王、メアリー1世の名前が由来だとか。ほどよいトマトの酸味がおいしい。好みで黒こしょうを入れても。

Column
トマトMEMO
トマトは南米のアンデス高地が発祥。今では日本の食卓を彩っていますが、日本に入ってきたのは江戸時代のこと。食べられるようになったのは明治以降です。現在、種類は8000以上あり、日本では約120種類栽培されています。色も赤以外に、黄色や緑、黒などもあり、バラエティ豊か。最近では果物のように糖度が高い、フルーツトマトも人気です。トマトに含まれるリコピンは抗酸化作用があり、特に皮に豊富です。また、脂肪の代謝をアップしてくれるのもいいところ。うま味成分のグルタミン酸が多く、ジャムにしてもおいしくできます。

←グラスにフレッシュなミントを入れて。

しょうが

滋養効果も期待できる
しょうが酒

スパイシーで、すっきりとした風味。
体を温める作用があるしょうがは
お湯割りがおすすめ。
冬のナイトキャップとしてどうぞ。

飲みごろ ここから 2カ月

旬のカレンダー
6～8月(新しょうが)
9～11月(根しょうが)

ショウガ科ショウガ属。体を温める作用があり、果実酒にむいています。穏やかな辛味の新しょうがに対し、根しょうがはキリッとした辛味。

材料　(作りやすい分量)

しょうが	300g
氷砂糖	150g
日本酒 (15度)	750mℓ

保存方法 & 期間
冷暗所で長期保存可能。

作り方

1 しょうがは洗ってタオルで水気をよくふき取り、包丁の背で皮を軽くこそげ取って、肉叩きなどで叩いてエキスを出しやすくする。

2 保存瓶に氷砂糖と❶を入れ、日本酒を注ぎ入れてふたをし、約2カ月おく。

3 2カ月後、ざるにキッチンタオルを敷いて❷をこし、酒を別の保存瓶に移し替える。

自家製ジンジャエールに
しょうがシロップ

ほのかな甘味とキリッとした味わい。
夏はサイダーで割ると自家製ジンジャーエールのでき上がり。
体の中からスキッと元気に。
紅茶などに入れると冷えた体が温まります。

材料 （作りやすい分量）

おろししょうが	100g
グラニュー糖	100g
レモン汁	大さじ1
水	150mℓ
シナモン（スティック）	½本

保存方法 & 期間
冷蔵庫で保存し、なるべく早く使いきる。シナモンスティックを入れたままで保存する場合、カビが生えないように、シナモンスティックはシロップにしっかり浸ける。

作り方

① 鍋に材料をすべて入れ、中火でひと煮立ちさせ、約10分煮る。

② 熱いうちに保存瓶に入れる。

Column

しょうが MEMO

インドが原産で中国を経由し、日本には2、3世紀頃に伝えられたといわれています。薬効成分があり、平安時代からカゼ薬として用いられてきました。現代でも、体を温めて冷えを改善する、血栓を作りにくくし、動脈硬化を予防する、胃腸壁の血行を促進して消化・吸収を高めるなど、さまざまな効果が認められています。

お湯で割って、シナモンスティックを入れて。

ミント

旬のカレンダー
6〜9月
果物メモ
シソ科ハッカ属。トッピングに使われることの多いミントですが、ジャムや果実酒にすると別の味わい方が楽しめます。数ある品種のなかでもスペアミントはエスニック料理にも使われることが多く、ポピュラーです。

肉料理にもぴったり！

ミントジャム

スーッと鼻に抜けるフレッシュな風味とほんのりとした甘さ。
フレッシュなミントが
たくさん採れたり、
手に入ったりしたら
ぜひ作ってみてください。

材料（作りやすい分量）

ミント	15g
グラニュー糖	大さじ1（果実の分量の100％）
レモン汁	大さじ1
水	大さじ1
りんごジャム（P.22）	200g

作り方

1. ミントは洗ってタオルで水気をよくふき取る。

2. 鍋にグラニュー糖、レモン汁、水を入れ、中火でひと煮立ちさせる。冷まして、①を加える。

3. ミキサーに入れ、なめらかになるまで攪拌し、りんごジャムを入れ、混ぜ合わせる。

保存方法 & 期間

冷蔵庫で保存し、なるべく早めに食べきる。

Point

ペクチンの少ないミントは、りんごジャムをプラスしてとろみをつけます。肉料理との相性もよく、もみ込んで調理すると肉特有の臭いが解消。

リラックス効果も期待できる
ミント酒

清涼感のある甘さがクセになります。
ライムをひと絞りするとさらにさわやかな風味に。
キンキンに冷やしたグラスで飲みたい
夏にぴったりのドリンクです。

飲みごろ
ここから
2カ月

材料 （作りやすい分量）

ミント	60g
氷砂糖	100g
レモン（薄切り）	2～3枚
ホワイトラム	500mℓ
ミントリキュール	適宜

保存方法 & 期間
冷暗所で長期保存可能。

作り方

① ミントは洗ってタオルで水気をよくふき取る。

② 保存瓶に氷砂糖と①、レモンを入れ、ホワイトラムを注ぎ入れてふたをし、あればミントリキュールを加えて約2カ月おく。

③ 2カ月後、ざるにキッチンタオルを敷いて②をこし、酒を別の保存瓶に移し替える。

> **Point**
> ミントリキュールは、あれば大さじ2杯入れると、ミントのグリーンに近づきます。

クラッシュアイスにミントを浮かべて。→

ドライフルーツ

干してあるからうま味が凝縮
ドライフルーツジャム

フルーツの甘味やうま味がギュッと凝縮。
ジャムにしてもしっかりとした食感が残ります。
チーズやクラッカー、ワインとの相性もよく、
ホームパーティーの一品にも最適です。

旬のカレンダー	
通年	
果物メモ	

基本的にどんなドライフルーツでもジャム、果実酒にむいています。ミックス（レーズン、マンゴー、ココナッツ、チェリーなど）は単体で作るジャムより複雑な味わいになります。

材料　（作りやすい分量）

ドライフルーツ（ミックス）	500g
水	1ℓ
グラニュー糖	100g（果実の分量の20%）
レモン汁	大さじ2
ウィスキー	大さじ3
はちみつ	大さじ2

保存方法 & 期間
開封前は常温で約1年、開封後は冷蔵庫で保存し、なるべく早めに食べきる。

作り方

① ドライフルーツは煮溶かしやすくするために適当な大きさに刻む。ボウルに水とドライフルーツを入れ、一晩漬けて戻す。

② 鍋にグラニュー糖とレモン汁、ウィスキー、①を漬け汁ごと入れ、中火で煮きる。

③ ②にはちみつを加え、混ぜ合わせる。

④ 熱いうちに保存瓶の9割ぐらいまでジャムを入れ、ふたをし、冷めるまで逆さまにする。

豊かな風味
ドライフルーツ酒

干すことで果物の甘味と栄養を閉じ込めた
ドライフルーツを使った果実酒。
フルーティーな口当たりがクセになります。
取り出したドライフルーツは
パウンドケーキやクッキーなどに使って。

材料 （作りやすい分量）

ドライフルーツ（ミックス）	300g
氷砂糖	20g
ホワイトリカー	1ℓ

保存方法 & 期間
冷暗所で長期保存可能。

飲みごろ
ここから
2カ月

作り方

① 保存瓶に氷砂糖とドライフルーツを入れ、ホワイトリカーを注ぎ入れてふたをし、約2カ月おく。

② 2カ月後、ざるにキッチンタオルを敷いて①をこし、酒を別の保存瓶に移し替える。

氷に炭酸水でさっぱりと。

アーモンド

ツブツブ感がクセになる
アーモンドバター

ほんのりとした甘さとアーモンドの香ばしさ、
粗めにひいたツブツブ感がクセになります。
パンに塗ってからトーストすると
香りがよりいっそうよくなり、おいしさもアップ！

旬のカレンダー
通年

果物メモ
バラ科モモ属。ジャム類や果実酒にむいています。ビタミンEやポリフェノールなどが豊富でアンチエイジングや血栓の予防になるともいわれています。

材料 （作りやすい分量）

アーモンド（乾煎りしたもの・無塩）	250g
バター（食塩不使用）	25g
はちみつ	大さじ2

保存方法 & 期間
冷蔵庫で保存し、なるべく早めに食べきる。

Point
- フードプロセッサーがなければ、包丁で刻んでバターとはちみつを加え、すり鉢ですってもOK。
- ピーナッツで作ればピーナッツバターに。
- バターの代わりにココナッツオイルでもOK。

作り方

1 アーモンドはフードプロセッサーに入れ、細かくなるまで攪拌する。

2 適当な大きさに切ったバターとはちみつを加え、さらに攪拌する。保存瓶に入れる。

女性には特におすすめ
アーモンド酒

ロックで飲むのもおいしいですが、
牛乳で割ると香りのいいカルアミルクのよう。
やわらかでやさしい味わいは
アンチエイジング効果など女性に特にうれしい果実酒です。

材料　（作りやすい分量）

アーモンド（無塩・乾煎りしたもの）	350g
氷砂糖	70〜100g
ブランデーベースの酒	1ℓ

保存方法 & 期間
冷暗所で長期保存可能。

作り方

① 保存瓶に氷砂糖とアーモンドを入れ、ブランデーベースの酒を注ぎ入れてふたをし、約2カ月おく。

② 2カ月後、ざるにキッチンタオルを敷いて❶をこし、酒を別の瓶に移し替える。

飲みごろ
ここから
2カ月

アーモンドをつまみに、牛乳割りで。

ジャム＆果実酒作りに
便利な道具

せっかく手作りするのだから、おいしく作りたいもの。
それには、やはり道具が大切です。ストレスなく、スムーズに作業が進められる
ジャムや果実酒作りに便利な道具たちを紹介します。

スケール
計量は大事な作業のひとつ。果物や砂糖、果汁などの計量に使います。１g単位で量れるデジタルのスケールがおすすめです。

計量カップ
水や果汁、酒の分量を量るときに使います。200ml〜１ℓ量れるものがあるといいでしょう。

ボウル
果実に砂糖をまぶしたり、こしたものを受けたりするときなどに使います。耐熱性のガラスのものがあれば、電子レンジで調理するときに便利です。

ざる
ジャム作りで果肉や皮などをこしたり、果実酒では酒をこすときなどに使います。取っ手のあるものでもないものでも、どちらでも大丈夫です。

木べら＆ゴムベラ
焦げつきや砂糖の沈殿を防ぐ。混ぜるときに木べらを、果肉をこすときなどにはゴムベラを使います。

網杓子
雑味がなく、透明感のあるおいしいジャムにするために、煮ている間に出てくるアクを取るときに使います。

フードプロセッサー
材料を細かく刻んだり、ピューレ状にするときに使います。ミキサーで代用が可能なときも。

おろし皿
りんごなどをすりおろす際に使います。セラミックで裏に滑り止めがついているので、動かずおろしやすいのが特徴。

漏斗
こした果実酒を保存瓶に移し替えるときに使います。大小あれば、移し替える酒の量や保存瓶の大きさによって使い分けられます。

レモン絞り
ジャム作りに必要なとろみ（ペクチン）を引き出すために使う、レモン汁を絞ります。レモン汁を入れることで香りがよくなったり、酸味もプラスされます。

竹串
梅などのヘタを取り除いたり、煮ているときの果物のかたさを確認するときなどに使います。

盆ざる
輪切りにしたオレンジやみかんの皮を干すときに使います。サイズ違いであると便利です。

ガーゼ
果実酒をこすときなどに使います。なければキッチンタオルでもいいですが、破れる可能性もあるのでガーゼのほうがおすすめです。

お茶パック
ジャム作りのときにペクチンをプラスするため、皮や種を入れて使います。鍋中でバラバラにならず、そのまま取り出せるので重宝します。

軍手
でき上がったジャムは熱いうちに保存瓶に入れます。瓶が熱くなるので素手で持つとやけどする恐れが。必ず軍手をして作業しましょう。ただし、滑らないように気をつけて。

果物カレンダー

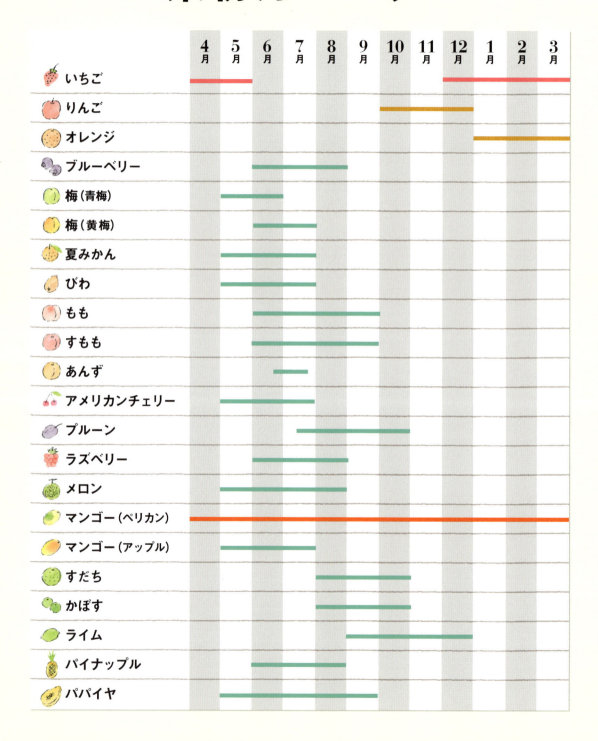

季節を閉じ込めることができるジャムや果実酒作りは、
果物の出回るタイミングを見計らうのも大切な仕事のひとつ。
おいしいジャム＆果実酒を作るときの参考にしてください。

果物	4月	5月	6月	7月	8月	9月	10月	11月	12月	1月	2月	3月
柿							■	■				
ぶどう（マスカット系）				■	■	■						
ぶどう（巨峰）					■	■	■					
梨					■	■	■					
洋梨						■	■					
いちじく					■	■	■					
ざくろ						■	■					
かりん							■	■				
くり						■	■					
みかん								■	■			
ゆず									■	■		
レモン							■	■	■			
きんかん										■	■	■
キウイ	■	■							■	■	■	■
グレープフルーツ	■	■	■	■	■	■	■	■	■	■	■	■
バナナ	■	■	■	■	■	■	■	■	■	■	■	■
トマト			■	■	■	■						
しょうが（新しょうが）			■	■	■							
しょうが（根しょうが）						■	■	■				
ミント			■	■	■	■						
ドライフルーツ	■	■	■	■	■	■	■	■	■	■	■	■
アーモンド	■	■	■	■	■	■	■	■	■	■	■	■

春　夏　秋　冬　通年

著者プロフィール

谷島せい子（たにしま・せいこ）

1947年生まれ。料理教室「スタジオMOW」主宰。客室乗務員、通訳として働いた後に結婚、息子2人を育てる。専業主婦時代に料理を習い、自宅で料理教室を始める。テレビ、雑誌、広告などで料理を紹介するほか、料理や食に関するアドバイザーとして多方面で活躍。季節のジャム作り、果実酒作りを楽しみ、自宅にはさまざまな種類の保存食が並ぶ。主な著書に『余った野菜はささっとストック』（主婦の友社）、『体を温めるしょうがレシピ 決定版』（アスペクト）、『毎日のごはんから、おもてなしまで大活躍！土鍋ごちそうレシピ』（双葉社）他。

スタッフ

料理アシスタント　森川かおり

デザイン　岡 睦、更科絵美（mocha design）
イラスト　みやしたゆみ
撮影　山家 学
スタイリング　カナヤマヒロミ
取材・文　須藤桃子
校正　平林信子
企画・構成　時政美由紀（マッチボックス）
編集　君島久美（成美堂出版編集部）

季節をたのしむ ジャムと果実酒

著　者	谷島せい子
発行者	深見公子
発行所	成美堂出版
	〒162-8445　東京都新宿区新小川町1-7
	電話(03)5206-8151　FAX(03)5206-8159
印　刷	凸版印刷株式会社

©SEIBIDO SHUPPAN 2017　PRINTED IN JAPAN
ISBN978-4-415-32167-7

落丁・乱丁などの不良本はお取り替えします
定価はカバーに表示してあります

- 本書および本書の付属物を無断で複写、複製（コピー）、引用することは著作権法上での例外を除き禁じられています。また代行業者等の第三者に依頼してスキャンやデジタル化することは、たとえ個人や家庭内の利用であっても一切認められておりません。